W0236702

Handbuch für Aquajogging

Für Ingrid

Hans-Albert Birkner/Johannes Roschinsky

Handbuch für
Aquajogging

Meyer & Meyer Verlag

Handbuch für Aquajogging

Bibliografische Information Der Deutschen Bibliothek
Die Deutsche Bibliothek verzeichnet diese Publikation in der Deutschen
Nationalbibliografie; detaillierte bibliografische Daten sind im Internet über http://dnb.ddb.de
abrufbar.

© 1999 by Meyer & Meyer Verlag, Aachen
2., überarb. Auflage 2003
Adelaide, Auckland, Budapest, Graz, Johannesburg, Miami,
Olten (CH), Oxford, Singapore, Toronto
Member of the World
Sportpublishers' Association (WSPA)
Druck: FINIDR, s. r. o., Český Těšín
ISBN 3-89124-928-4
E-Mail: verlag@m-m-sports.com

INHALT

Anmerkung zum Sprachgebrauch:
Aus lesetechnischen Gründen wird durchgehend die männliche Anredeform im Text benutzt, die selbstverständlich die weibliche mit einschließt.

1 VORWORT

Aquajogging – Laufen im Wasser – ist mehr als nur einer unter den vielen in jüngster Vergangenheit bekannt gewordenen Begriffe für Bewegungsformen im Wasser. Neben den herkömmlichen Ausdauersportarten Laufen, Schwimmen, Rad fahren, Skilanglauf und Walking scheint sich auch in Deutschland das Aquajogging als neuer, gesundheitsorientierter Ausdauersport zu etablieren. Fitness, Gesundheit, Wohlbefinden, Erlebnis und Entspannung durch Laufen im Wasser charakterisieren diese neue Sportform.

Dabei wird Aquajogging als umfassendes Bewegungstraining im Medium Wasser verstanden, wobei jedoch immer das Laufen im Wasser mithilfe eines Auftriebsgürtels zu Grunde gelegt wird. Aquajogging stellt eine eigenständige Sportform mit vielfältigen neuen Möglichkeiten und einigen außergewöhnlichen Vorteilen dar. So lassen sich die positiven Effekte eines sportlichen Ausdauertrainings mit den vielfältigen Auswirkungen des Mediums Wasser auf den menschlichen Körper in nahezu idealer Art und Weise verbinden. Nachteile von anderen Ausdauersportarten, wie z. B. zu starke punktuelle Gelenkbelastungen von Sprung-, Knie- oder Wirbelsäulengelenken beim Jogging, werden beim Aquajogging im wahrsten Sinne des Wortes durch den Auftrieb des Wassers „aufgehoben". Aber nicht nur ein Ausdauertraining ohne schädliche Gelenkbelastung wird möglich, sondern auch das Gleichgewicht, die Koordination, die Beweglichkeit und die Kraftausdauerleistungsfähigkeiten können trainiert werden. Die positiven Effekte der sportlichen Betätigung Aquajogging sind somit sehr vielfältig. Eine leichte Erlern- und Durchführbarkeit, neue Bewegungsmöglichkeiten und -erfahrungen sowie die Wirkungen des Mediums Wasser können dazu führen, dass Aquajogging sich auch psychisch auf das allgemeine Wohlbefinden nachhaltig positiv auswirkt. Schließlich bietet Aquajogging die seltene Möglichkeit, dass Alt und Jung gleichermaßen wie Anfänger und Fortgeschrittene gemeinsam Sport treiben können. Alters- und Leistungsunterschiede werden fast vollständig ausgeglichen, womit Aquajogging auch besondere soziale Momente beinhalten kann (vgl. BIRKNER, 1995).

Um die positiven Effekte dieser noch relativ neuen Form des Sporttreibens für viele Personen – insbesondere im Freizeit- und Gesundheitssport – zugänglich zu machen, bedarf es eines für diese Sportform zugeschnittenen Konzepts. Dabei werden bewährte und neuere methodische Maßnahmen (z. B. Förderung des Bewegungsgefühls und Schaffen einer Bewegungsvorstellung) und Erkenntnisse aus der Trainingslehre zu Grunde gelegt und miteinander verknüpft. Aquajogging wird dabei nicht als Konkurrenz zum Schwimmen, sondern als eine weitere Möglichkeit eines umfassenden, gesundheitsorientierten Ausdauer- und Kräftigungstrainings für ganz unterschiedliche Zielgruppen verstanden.

2 WASSER ALS MEDIUM FÜR BEWEGUNGSANGEBOTE

2.1 Wasser – das unbekannte Medium ?!

Wasser ist ein Stoff, mit dem man im Alltag fast täglich zu tun hat. Man verwendet das Wasser zum Waschen, Spülen, Kühlen, Trinken usw. Als ein Medium, *in* dem man sich bewegt, wird das Wasser nicht so häufig erfahren. Bewegt man sich im Medium Wasser, muss man sich mit anderen Bedingungen auseinander setzen als bei der (gewohnten) Bewegung im Medium Luft, da das Wasser ebenso wie die Luft ganz spezifische Eigenschaften besitzt, die in besonderem Maße auf Bewegungen aller Art in diesem Medium wirken. Dies sind vor allem:

Hydrostatischer Druck
Aus der erhöhten Dichte des Wassers resultiert der hydrostatische Druck, der pro Meter zunehmender Wassertiefe um 0,1 bar größer wird. In einer Wassertiefe von 1 m beträgt der auf dem menschlichen Körper lastende Umgebungsdruck ca. 1,1 bar.

Auftrieb (hydrostatisch)
Ein in das Wasser eingetauchter Körper erfährt eine bestimmte Auftriebskraft. Die Größe dieser Auftriebskraft entspricht der Gewichtskraft der vom Körper verdrängten Flüssigkeitsmenge.

Tab. 1: Eigenschaften des Wassers im Vergleich zur Luft

Dichte	830-mal größer
Bewegungswiderstand	1.214-mal höher
Wärmekapazität (Wärmeaufnahme)	3.400-mal größer
Wärmeleitfähigkeit	23-mal höher

Auftrieb (hydrodynamisch)

Werden Körper nicht nur in das Wasser untergetaucht, sondern auch noch bewegt, so erfahren sie eine zusätzliche dynamische Auftriebskraft, die immer senkrecht zur Anströmungsrichtung der Körperoberfläche wirkt.

Neben den speziellen Eigenschaften des Wassers sind aber auch die von der Luft bekannten Eigenschaften stark verändert (s. Tab. 1).

2.2 Wasser und Organismus

Das Eintauchen und die Bewegung des menschlichen Körpers im Wasser ist mit einer Vielzahl von physiologischen Änderungen verbunden. Dabei muss zwischen dem ruhenden und dem sich bewegenden menschlichen Körper im Wasser unterschieden werden, da bestimmte Wirkungen nur bei Bewegung vorhanden sind. Die Kenntnis dieser Veränderungen ist für eine effektive, sichere und motivierende Gestaltung eines Aquajogging-Trainings von großem Wert.

2.2.1 Auswirkungen in Ruhe

Die wichtigsten Veränderungen innerhalb der menschlichen Physiologie beim bloßen Eintauchen des Körpers in das Wasser beziehen sich auf die folgenden Punkte:

Körpergewicht

Die wohl offensichtlichste Veränderung erfährt das Körpergewicht. Die Auftriebskraft des Wassers bewirkt, je nach Eintauchtiefe des Körpers, eine Gewichtsreduzierung (aber leider keine Massenreduzierung!). Der Gewichtsverlust im Wasser entspricht dabei der Gewichtskraft des verdrängten Wasservolumens. Je nachdem, ob die Auftriebskraft kleiner, gleich oder größer als die Gewichtskraft ist, sinkt, schwebt oder steigt der Körper. In nicht ganz eingetauchtem Zustand mit dem Kopf über der Wasseroberfläche reduziert sich das Gewicht auf ca. ein Zehntel des Körpergewichts an Land (REISCHLE, 1988).

Energieumsatz

Die hohe Wärmekapazität und Wärmeleitfähigkeit des Wassers führen zu einer deutlich erhöhten Wärmeabgabe des menschlichen Körpers im Wasser. Gegenüber Grundumsatzbedingungen (35° C, völlige Ruhe, Nüchternheit) ist die Wärmeabgabe im Wasser um das ca. Fünffache erhöht (vgl. STEGEMANN, 1991). Zur Aufrechterhaltung der Körpertemperatur trotz dieser erhöhten Wärmeabgabe

steigert sich der Grundumsatz (Kalorienbedarf zur Aufrechterhaltung der lebens-
notwendigen Funktionen) des Körpers, je nach der Dichte des Fettgewebes des
Menschen, um 20-100 % (vgl. DE MARÉES,1992, S. 437). Auf Grund der Trägheit
des Stoffwechsels ist der Energieumsatz auch noch nach Verlassen des Wassers für
bestimmte Zeit erhöht, weshalb das Wasser generell als eine allgemeine Stoffwechselanregung verstanden werden kann.

Zu warmes Wasser (deutlich über 30° C) kann bei hoher körperlicher Belastung wiederum für eine verminderte Wärmeabgabe sorgen. Ein Wärmestau oder
eine Kreislaufüberlastung können die Folge sein. Dies kann bei vorgeschädigtem
Herz-Kreislauf-System Komplikationen hervorrufen (vgl. VÖLKER, 1983).

Immunsystem
Der Kältereiz des Mediums Wasser stellt für das menschliche Immunsystem einen
Angriff auf die Funktion des Körpers dar, da die Körperkerntemperatur trotz der
erhöhten Wärmeabgabe beibehalten werden muss. Wiederholter Wasserkontakt
kann somit zu einer Stärkung des Immunsystems und einer allgemeinen Abhärtung beitragen und zu einer erhöhten Resistenz gegen Erkältungskrankheiten
führen (vgl. BEIGEL-GUHL & BRINKMANN, 1989; BRAUMANN, 1993).

Atmung
Während die Einatmung im Wasser durch den ständig wirkenden hydrostatischen
Druck auf den Brustraum erschwert wird und die Einatemmuskulatur zusätzlich arbeiten muss, wird die Ausatemmuskulatur im Wasser entlastet. Insgesamt verringert sich der Atmungsaufwand für eine bestimmte Arbeit im Wasser, sodass man
von einer verbesserten Atemökonomie (HOLLMANN & HETTINGER, 1990, S. 657)
im Wasser sprechen kann.

Herzschlagfrequenz
Ein bislang nicht vollständig geklärtes Phänomen ist die Verringerung der Herzschlagfrequenz von 20-30 % oder 10-15 Schlägen/min in Ruhe beim Untertau-
chen oder Eintauchen in das Wasser, was im Allgemeinen mit dem Begriff der
Tauchbradykardie beschrieben wird. Detailliertere Erklärungen von für die Bradykardie verantwortlich gemachten, teilweise recht komplizierten Mechanismen
(Blutvolumenverschiebung von der Körperperipherie in den Brustraum, Reizung
von im Gesicht lokalisierten Nervenrezeptoren) geben STEGEMANN (1991,
S. 240ff.) oder SCHMIDT (1993, S. 34ff.). Das Herzfrequenzverhalten im Wasser
ist das Ergebnis mehrerer Faktoren, wie Reflexe, Wassertemperatur, individuelle
Kälteempfindlichkeit, Körperlage im Wasser usw., wobei insbesondere die Wassertemperatur häufig vernachlässigt wird. Es erscheint daher besonders wichtig, das
jeweilige individuelle Herzfrequenzverhalten im Wasser bei einer bestimmten

Temperatur zu überprüfen, bevor ein Aquatraining begonnen wird. Faustregeln können nur einen ganz groben Anhalt geben und sollten niemals die alleinige Grundlage für eine Belastung im Wasser sein (vgl. FRANGOLIAS & RHODES, 1995)!

Blutdruck

Insbesondere die erste Berührung mit dem (kalten) Wasser führt nach MEUSEL (in: Singer, 1981, S. 172) zu einer Erhöhung des körperäußeren Gefäßwiderstandes und schließlich zu einer Blutdrucksteigerung. Für Menschen mit bereits hohem Blutdruck (Hypotoniker) könnten sich daraus eventuelle Komplikationen ergeben, sodass diese vor Aufnahme eines Trainings im Wasser den Arzt konsultieren sollten.

Harnsäurebildung

Befindet sich der menschliche Körper im Wasser, so wird durch eine Reflexauslösung die Niere dazu veranlasst, vermehrt Harnsäure zu produzieren (SILBERNAGL & DESPOPOULOUS, 1991, S.140). Die erhöhte Harnproduktion führt zu dem bekannten erhöhten Harndrang während eines längeren Wasseraufenthalts. Nach Verlassen des Wassers und Entleerung der Blase verteilt sich die nun insgesamt verringerte Flüssigkeitsmenge des Körpers wieder in seine ursprünglichen Räumen. Der nun aber vorherrschende relative Flüssigkeitsmangel führt zum typischen Durst nach einem Wasseraufenthalt.

2.2.2   Auswirkungen in Bewegung

Bei der Bewegung im Wasser ergeben sich zusätzliche aktuelle Auswirkungen, welche die o. a. Ruheeffekte zum Teil verstärken:

Herzschlagfrequenz

Bei der Bewegung im Wasser ist zu beachten, dass die bereits oben beschriebene Pulssenkung individuell verschieden durchaus wieder verschwinden kann. Einen besonderen Einfluss hat hier auch wieder die Wassertemperatur. Häufig sind bei Wassertemperaturen über 25° C keine Pulssenkungen festzustellen (BISHOP, FRAZIER, SMITH & JACOBS, 1989; SVEDENHAG & SEGER, 1992).

Nachbelastungspuls

Das Wasser unterstützt die rasche Erholung nach einer Belastung. Der Puls nach einer bestimmten Zeit nach einer Belastung (Nachbelastungspuls) wird daher niedriger sein als an Land bzw. schneller erreicht werden. Dieser Effekt hat direkte Auswirkungen auf die Trainingsgestaltung, da Belastungspausen kürzer gehalten werden können (s. Kap. 4.2.1).

Energiestoffwechsel

Der im Wasser schon erhöhte Grundumsatz erhöht sich durch die Bewegung im Wasser nochmals durch den für die Bewegung erforderlichen zusätzlichen Leistungsumsatz. Die Entstehung von Stoffwechselendprodukten wie Laktat bei Bewegungen im Wasser ist sehr stark davon abhängig, ob die Bewegungen ungewohnt sind oder nicht. Bei ungewohnten Bewegungen kann die Belastung des Muskelstoffwechsels unter Umständen sehr stark ansteigen und verläuft nicht parallel zur Pulsfrequenz. Um ähnliche Muskelstoffwechselbelastungen wie an Land zu erreichen, ist die Belastungspulsfrequenz teilweise um bis zu 40 Schl./min zu verringern (FRANGOLIAS & RHODES, 1995; SCHLUMBERGER, HEMMLING, FRICK & SCHMIDTBLEICHER, 1997). Für Menschen mit ausgeprägter Herzinsuffizienz stellt der erhöhte Energieumsatz unter Umständen eine so große Anstrengung dar, dass jede weitere Bewegung im Wasser zu einer Überlastung des Herzens führen kann (VÖLKER, 1984).

Muskulatur

Die Muskulatur wird im Wasser nahezu isokinetisch belastet, d. h., die Bewegungsgeschwindigkeit und der Bewegungswiderstand bleiben über einen Bewegungszyklus weit gehend konstant. Dies verringert die Gefahr eines Muskelkaters oder einer Verletzung und die Muskulatur wird gleichmäßig trainiert. Der erhöhte Wasserwiderstand bewirkt eine stärkere Belastung der Extremitätenmuskulatur im Wasser im Vergleich zu Bewegungen an Land. Dies gilt allerdings hauptsächlich für Bewegungen in der horizontalen Ebene. In der vertikalen Ebene kann das Wasser die Muskulatur unterstützen. So wird z. B. die Stütz- und Haltemuskulatur entlastet, was zu einer Entspannung dieser Muskulatur führen kann (vgl. BRAUMANN, 1993, S. 205). Die Muskeldurchblutung erhöht sich im Wasser.

Gelenke

Die Gewichtsentlastung ermöglicht eine Bewegung und damit eine Ernährung der Gelenke nahezu ohne Druckbelastung. Dieser positive Effekt ist nicht nur für das geschädigte Gelenk von großem Nutzen, sondern bietet auch dem gesunden Gelenk die Möglichkeit, quasi „belastungsfrei" ernährt zu werden. Auch der Stabilisationsapparat des Gelenks – die Gelenkbänder und die gelenkstabilisierende Muskulatur, werden im Wasser entlastet bzw. trainiert. Gelenk- und Bandapparatentlastung können gemeinsam zu einer Vergrößerung der Beweglichkeit zunächst nur im Wasser, später aber dann auch an Land führen.

Haut

Die Haut wird bei Bewegungen im Wasser oberflächlich massiert. Nach dem Wasserkontakt erfährt die Haut eine bessere Durchblutung.

Gefäßsystem

Das Gefäßsystem wird durch Bewegung im Wasser besonders trainiert. In Ruhe ziehen sich die Adern auf Grund des Kältereizes des Wassers zusammen. Je nach Intensität der Bewegung im Wasser müssen sich die Gefäße aber zur besseren Versorgung der arbeitenden Muskulatur wieder weiten. Die Gefäße müssen sich somit ständig abwechselnd weiten und wieder zusammenziehen. Außerdem führt der hydrostatische Druck zu einer Entlastung der Venen.

2.3   Wasser und Wohlbefinden

Das Wasser kann eine ausgesprochen entspannende, das Wohlbefinden steigernde Wirkung besitzen (BEIGEL-GUHL & BRINCKMANN, 1989; BIRKNER, 1994). Die erhöhte Bewegungsfreiheit sowie die verschiedenen Auftriebskräfte können nicht nur eine muskuläre Entspannung des gesamten Körpers, sondern als Folge davon auch eine psychische Entspannung bewirken. Das Wasser bietet darüber hinaus deshalb besonders günstige Möglichkeiten, sich geistig zu entspannen, weil die Reizempfindlichkeit des vegetativen Nervensystems herabgesetzt ist. Im Wasser kann man also in der Tat besser „abschalten", weil das Nervensystem automatisch auf Ruhe eingestellt wird. Dabei sind auch nicht nur bereits bekannte Bewegungen, wie z. B. das Laufen unter nahezu schwerelosen Bedingungen, möglich, sondern es sind auch vollkommen neue Bewegungserfahrungen möglich. Selbst das Laufen, als eine bekannte Bewegungsform, stellt im Wasser eine völlig neue Bewegungserfahrung dar. Man kann das Medium Wasser auch als einen die menschliche Homöostase belastenden Stressor verstehen. Dann kann die wiederholte Auseinandersetzung mit diesem Stressor, also dem Wasser, u. U. auch zu einer verbesserten Stressbewältigung allgemein und damit zu einem gesteigerten Wohlbefinden beitragen.

Nicht unerwähnt sollte auch bleiben, dass das Wasser bei allen Möglichkeiten, die es für eine psychische Entspannung bietet, als unbekanntes Medium auch Angst oder unangenehme Erregung oder Unsicherheit erzeugen kann, die alle positiven physischen und psychischen Effekte überspielen. So kann bei ängstlichen oder im Wasser unsicheren Menschen die Herzfrequenz im Wasser höher sein als an Land. Die individuelle Reaktion auf das Medium Wasser ist daher, wann immer möglich, zu berücksichtigen.

2.4   Beurteilung

Die verschiedenen Eigenschaften und Effekte des Wassers können unterschiedlich beurteilt werden. Die meisten Effekte sind positiver Art und nur einige können für bestimmte Personengruppen unangenehm oder eventuell gesundheitsschädlich sein.

Positiv zu bewertende Effekte

Man kann von einer allgemeinen Stoffwechselanregung durch das Wasser sprechen, was insbesondere für übergewichtige Personen von Vorteil sein kann.

Das Immunsystem kann durch Aquajogging gestärkt werden und im Sinne einer allgemeinen Abhärtung und einer erhöhten Resistenz gegen Erkältungskrankheiten sorgen (vgl. BEIGEL-GUHL & BRINCKMANN, 1989; BRAUMANN, 1993).

Das ständige Gegenarbeiten der Atemmuskulatur gegen den hydrostatischen Druck kann bei wiederholtem Wassertraining zu einer Kräftigung der Atemmuskulatur führen. Unabhängig von den letztlich genauen Gründen für die bei der Wasserimmersion feststellbare Herzfrequenzsenkung (Bradykardie) ist diese zumindest in Bezug auf die Herzbelastung vorteilhaft. Eine Herzfrequenzabnahme bei gleich bleibendem Minutenvolumen, d. h. bei einer gleichzeitigen Vergrößerung des Schlagvolumens, bedeutet eine ausgesprochene Ökonomisierung der Herzarbeit (vgl. ISRAEL, 1982; WEINECK, 1996), die sich auch in einer erhöhten Sauerstoffaufnahmefähigkeit niederschlägt. Das Herz wird beim Eintauchen des Körpers ins Wasser in gewisser Weise zur ökonomischen Volumenarbeit gezwungen. Schlagvolumentraining wiederum stellt einen ausgesprochenen Reiz für eine harmonische (d. h. nichtpathologische) Herzmuskelvergrößerung dar. Bewegung im Wasser bietet somit sehr gute Möglichkeiten für eine Sportherzausbildung.

Der verringerte Nachbelastungspuls ist gleichzusetzen mit einer raschen Erholung des kardiopulmonalen Systems nach einer Belastung. Je rascher die Erholung, desto eher kann aber wieder ein neuer Trainingsreiz gesetzt werden. Das bedeutet konkret, dass die Pausen bei einem Intervalltraining bedeutend kürzer als an Land sein können (was bei der Durchführung eines Wassertrainings zu beachten ist). Auf Grund der schnellen Erholung des Herz-Kreislauf-Systems besteht jedoch die Gefahr, dass die nächste Belastung für das Muskelsystem zu früh angesetzt wird. Generell ist der verringerte Nachbelastungspuls aber eher als vorteilhaft zu bezeichnen, da er ein umfangreicheres oder kürzeres Training ermöglicht.

Die nachhaltige Störung des Gleichgewichts im Wasser ist im Sinne eines Trainings für das Vestibularorgan und die damit verbundene motorisch-sensorische Steuerung insbesondere für ältere Personen sehr positiv zu bewerten. Die Möglichkeiten der psychischen Entspannung sind in der heutigen, von Stress geprägten Zeit besonders hervorzuheben.

Negativ zu beurteilende Effekte

Die negativen Effekte des Wassers betreffen fast ausschließlich Menschen, die eine gesundheitliche Schädigung aufweisen.

Für Hypertoniker kann die durch den Kältereiz des Wassers bedingte Gefäßverengung (Vasokonstriktion) der peripheren Gefäße Gefahren herbeiführen, da dadurch der Blutdruck stark ansteigen kann. Erhöht sich der Blutdruck durch Kraftbelastung zusätzlich, so können Druckspitzen entstehen, die zu Kreislaufüberforderungen und insbesondere zu Hirngefäßkomplikationen führen können (vgl. SINGER, 1981, S. 163ff.). Praxisrelevant wird diese Gefahr allerdings erst bei sehr intensiver Belastung (wobei schon ein verkrampftes Bewegen im Wasser eine intensive Belastung darstellen kann). Insbesondere der erste Wasserkontakt kann über eine reflektorische Gefäßverengung zu extremen Blutdruckwerten mit eventuellem Kreislaufkollaps führen. Bei einem langsamen und vorsichtigen Eintauchen in das Wasser dürfte diese Gefahr aber weit gehend gebannt werden können.

Für Menschen mit ausgeprägter Herzinsuffizienz kann der erhöhte Energieumsatz wegen des damit zusammenhängenden erhöhten Sauerstoffbedarfs bereits eine so große Anstrengung darstellen, dass jede weitere Bewegung im Wasser zu einer Überlastung des Herzens führen kann (vgl. VÖLKER, 1984).

Die Blutvolumenverschiebung in den Brustraum bzw. zum Herzen kann u. U. mehrere negative Auswirkungen haben: Das erhöhte Blutvolumen und die damit einhergehende Erhöhung der Herzwandspannung führt zu einem verstärkten Sauerstoffbedarf des Herzens. Ein geschädigtes Herz – z. B. mit eingeengten Herzkranzgefäßen – könnte diesen erhöhten Sauerstoffbedarf nicht mehr decken (vgl. BEIGEL-GUHL & BRINCKMANN, 1989, S. 209; VÖLKER, 1984, S. 18), was zu entsprechenden Komplikationen führen kann. Die Blutvolumenverschiebung kann darüber hinaus bei dazu neigenden Menschen zu stärkeren Herzrhythmusstörungen führen.

Die Abnahme von Körperflüssigkeit und die Blutvolumenabnahme durch die erhöhte Nierenausscheidung verschlechtert nach RIECKERT (1991, S. 50) die Kreislaufregulation und ist somit negativ zu bewerten. Dieser Effekt tritt allerdings erst nach längerem Aufenthalt im Wasser auf.

Bei zu kaltem Wasser besteht, insbesondere bei älteren Menschen, die auf Grund ihrer schlechteren Hautdurchblutung schneller zu frieren beginnen, die Gefahr einer raschen Auskühlung. Zu warmes Wasser (deutlich über 30° C) kann bei hoher körperlicher Belastung wiederum für eine verminderte Wärmeabgabe sorgen. Ein Wärmestau oder eine Kreislaufüberlastung können die Folge sein. Um ein zu starkes Ansteigen der Körpertemperatur zu vermeiden, reagiert der Körper mit einer Durchblutungsverlagerung vom Körperkern in die Peripherie. Dies aber stellt eine erhebliche Kreislaufbelastung dar, was bei Herz-Kreislauf-Vorgeschädigten Komplikationen hervorrufen kann (vgl. VÖLKER, 1983, S. 28).

Als Nachteil isokinetischer Bewegungen, wie sie im Wasser vorrangig vorliegen, wird ein Verlust von Schnellkraft vermutet (vgl. WEINECK, 1990 a).

Hinzuweisen ist schließlich auch auf die gesundheitlichen Gefahren, die sich nach einem Wasseraufenthalt ergeben können. Nach Verlassen des Wassers kann es bei der Verdunstung des während des Wasseraufenthalts von der Haut aufgesogenen Wassers zu einer erheblichen Auskühlung des Körpers kommen (vgl.

BRAUMANN, 1993). Außerdem kann es bei zu schnellem Verlassen des Wassers durch den plötzlich fehlenden hydrostatischen Druck in Verbindung mit einem abrupten Versacken des Blutes in die unteren Extremitäten zu einem kurzzeitigen Blutmangel im Gehirn und damit zu einer Bewusstlosigkeit kommen.

Tab. 2: Auswirkungen und mögliche Effekte des Wassers im Überblick

Effekt	Bewertung
Herzfrequenzsenkung 20-30 % oder 10-15 Schl./min in Ruhe stark abhängig von Wassertemperatur und individuell verschieden. Bei gleicher O_2-Aufnahme ca. 10-20 % geringer	+ Herz arbeitet ökonomischer (Volumenarbeit). − Herzrhythmusstörungen (bei Neigung dazu).
Erholungspuls: Deutlich schnellere Pulssenkung nach Belastungsende.	+ Herz kann sich schneller erholen.
Gewicht auf ein Zehntel des Körpergewichts an Land reduziert.	+++ Gelenk- u. Stützmuskulaturentlastung. ++ Quasibelastungsfreie Knorpelernährung. ++ Entlastung des Bandapparats.
Wärmeabgabe um das 3-4fache.	− Gefahr der Unterkühlung (bes. ältere Menschen). + Erhöhung des Stoffwechsels. + „Abhärtung"/Stärkung des Immunsystems.
Wärmeabgabe (nur bei Wassertemperaturen über 30° C und körperlicher Anstrengung!).	− Kreislaufüberlastung.
Stoffwechsel: Erhöhung um 20-100 % in Ruhe. Zusätzliche Erhöhung unter Bewegung.	++ Anregung d. gesamten Stoffwechsels (insbes. auch d. Fettstoffwechsels). − Kreislaufüberlastung.
Atmung: Verringerung der Vitalkapazität um 10 %. Erschwerung der Einatmung.	+ Verbesserung der Atemökonomie. + Training der Einatemmuskulatur.
Blutdruck: Insbesondere bei der ersten Berührung.	− Kontraindikation für Hypertoniker.

Effekt	Bewertung
Harndrang durch vermehrte Nierentätigkeit.	− Unangenehm. − Flüssigkeitsverlust muss ersetzt werden. − Verschlechterung der Kreislaufregulation.
Muskeltätigkeit: Höhere Kraftbelastung als an Land. „Isokinetische" Belastungsform.	+ Krafttraining ohne Maschinen. ++ Geringe Verletzungs- und Muskel- katergefahr. ++ Gleichmäßiges Training der Muskulatur. + Erhöhte Muskelflexibilität.
Gefäßsystem: Wechselseitiges Zusammenziehen und Weiten der Gefäße.	++ Gefäßtraining. + Durchblutungserhöhung nach Verlassen des Wassers. Anregung des Lymphsystems.
Gleichgewicht: Störung des Gleichgewichts.	+ Training des Vestibularorgans. − Unsicherheit.
Haut: Hydrodynamische Druckwirkungen. Zusammenziehen der Hautgefäße.	+ Oberflächliche Massage. + Reflektorische Durchblutungserhöhung nach Verlassen des Wassers.
Wasseraufnahme: Bis zu 1 kg über die Haut während des Aufenthalts.	− Auskühlung nach Verlassen des Wassers.
Wohlbefinden: Muskuläre Entspannung. Herabsetzung des vegetativen Nerven- systems. Neue Bewegungserfahrungen. Wasser als „beherrschbarer" Stressor.	+++ Körperliche und psychische Entspannung. ++ Freude. ++ Verbesserung der Stressbewältigung.
Wasser als „fremdes" Medium.	− Entstehung von Angst, Unsicherheit oder anderen unangenehmen Gefühlen.

3 AQUAJOGGING

Zu unterscheiden sind beim Laufen im Wasser hauptsächlich zwei Formen:

Das Laufen im Wasser *mit Bodenkontakt*, welches als *Water Running* bezeichnet wird. Es wird in hüft- oder brusttiefem Wasser durchgeführt.

Das Laufen im Wasser *ohne Bodenkontakt*, welches als *Suspended Deep Water Running* bezeichnet wird. Es wird, wie die englische Bezeichnung schon andeutet, in tiefem Wasser und mit Auftriebshilfen durchgeführt. Aquajogging beschreibt generell beide Formen des Laufens im Wasser. Im Allgemeinen wird jedoch unter Aquajogging das Laufen ohne Bodenkontakt verstanden, welches sich auch in den letzten Jahren durchzusetzen scheint. Dieses Aquajogging ohne Bodenkontakt ist auch Gegenstand dieses Buches. Das Aquajogging mit Bodenkontakt wird meistens in allgemeinen Werken des Aquatrainings gut beschrieben (z. B. ZEITVOGEL, 1992).

3.1 Entwicklung

Schon 1970 führte der Leichtathletiktrainer der US-Marines, Glenn McWATERS, nach einer Fußverletzung ein eigenes Rehabilitationstraining im Wasser durch, das hauptsächlich aus der Laufbewegung bestand. Dieses Training hatte seinem eigenen Bekunden zufolge außergewöhnlich günstigen Einfluss auf seine Genesung. Aus dieser Erfahrung und der Unzufriedenheit, sich immer am Beckenrand festhalten zu müssen, heraus, experimentierte er mit verschiedenen Auftriebsmitteln wie Ski- oder Rettungswesten, die ihm ein Laufen im Wasser auch ohne Beckenrandkontakt ermöglichen sollten. Er entwickelte schließlich 1980 die Wet-Vest®, eine aus Neoprenmaterial bestehende und von den Schultern bis zum Bauchraum reichende Weste, die man sich überstreifte. Mit ihrer Hilfe konnte man eine vertikale Position im Wasser einnehmen, ohne sich am Beckenrand festhalten zu müssen und somit die Laufbewegung im Wasser nachvollziehen (vgl. McWATERS, 1988, S. 13; MURPHY, 1985). Diese Westen wurden von zahlreichen amerikanischen Spitzenleichtathleten seit den frühen 80er Jahren nach Verletzungen verwendet, um während der Rehabilitationsphase ein laufspezifisches Training absolvieren zu können. Zu erwähnen sind in diesem Zusammenhang die ehemaligen US-Rekordhalter über die Meilendistanz, SCOTT, und über die Marathondistanz, A. SALZAR, die Bronzemedaillengewinnerin der Olympischen Spiele von 1984 über 3.000 m, Lynn WILLIAMS, und der ehemalige Weltranglistenerste über die 400-m-Distanz, Willie SMITH (vgl. McWATERS, 1988; MURPHY, 1985). Bekannte amerikanische Trainer ließen ihre Athleten mit anderen, aber ähnlichen Mitteln im Wasser trainieren (vgl. COOPER, 1988; DE MONDENARD, 1991; PROKOP, 1985). Insbesondere Lynda HUEY erarbeitete für Olympiaathleten, wie z. B. Joan BENOIT (Marathon-Goldmedaillengewinnerin 1984), Laufprogramme im Wasser. Sie ließ dabei oft mit Bodenkontakt trainieren und erschwerte die Beinbewegung zusätzlich durch das Tragen von Socken. Am bekanntesten wurden die Erfahrungen der Weltklasseläuferin Mary DECKER-SLANEY. Diese Athletin zog sich während der Qualifikationswettkämpfe nur wenige Wochen vor den Olympischen Spielen 1984 eine schmerzhafte Achillessehnenverletzung zu. Durch ein intensives Lauftraining im Wasser über 17 Tage – sie lief dieselben Einheiten statt an Land im Wasser – schaffte sie schließlich doch noch die Teilnahme an den Olympischen Spielen und stellte darüber hinaus kurz nach Wiederaufnahme des normalen Trainings einen 2.000-m-Weltrekord auf (vgl. COOPER, 1988; DE MONDENARD, 1991; SCHLETT, 1991). DECKER-SLANEY trainierte mittels eines Aqua-Ark genannten Geräts. Ein relativ kompliziertes Gerüst aus Polyurethan, welches zum Teil am Beckenrand stand und zum Teil auf dem Wasser getragen wurde. Außer in Läuferkreisen wurde und wird das Laufen im Wasser auch sehr stark von Ultratriathleten verwendet, die Teile ihres Lauftrainings in das Wasser verlagern, um die Gelenkbelastung zu verringern.

Es entstand eine Vielzahl von verschiedenen unterstützenden Trainingsgeräten für das Laufen im Wasser. In größerem Maße verwendet wurde jedoch bis Anfang der 90er Jahre nur die o. a. WetVest®. Der große Nachteil dieser Weste war jedoch, dass die natürliche Vorlage wie beim Laufen kaum eingenommen werden konnte, sodass das Laufen fast immer aus einer sitzenden Position heraus geschehen musste. Eine Weiterentwicklung stellt der weiter unten beschriebene Aquajogger® dar.

Seit Mitte der 80er Jahre wird das Laufen im Wasser ohne Bodenkontakt in den USA auch zu rehabilitativen Therapiezwecken verwendet (KÜHNE, 1993). In Deutschland ist das Laufen im Wasser nun seit ca. 6-7 Jahren Gegenstand von wissenschaftlichen Untersuchungen im rehabilitativen Bereich (vgl. u. a. FROBÖSE, 1994; MICHAELSEN, 1991) und Inhalt von Kurprogrammen (vgl. Frankfurter Allgemeine Zeitung 1993, Nr. 123, S. 52). In deutschen Läuferkreisen wird das Laufen im Wasser seit ca. neun Jahren (SCHLETT, 1991) als Trainingsmittel angewandt. Der prominenteste Vertreter ist der Olympiasieger von 1992 über 5.000 m, – Dieter BAUMANN – der das Aquajogging nach einer Fußverletzung durchführte (ECKEY & FROBÖSE, 1994, S. 4; FROBÖSE, 1994, S. 65). In den letzten drei Jahren wird das Aquajogging im Rahmen des generell gestiegenen Interesses an Wassersportarten auch vermehrt innerhalb des Freizeitsports durchgeführt. Meistens allerdings nicht als eigenständige Form, sondern innerhalb von Aquatrainingsprogrammen.

3.2   Ausrüstung

3.2.1   Aquajogging-Auftriebsgeräte

Prinzipiell kann das Laufen im Wasser auch ohne Hilfsmittel geschehen. Allerdings ist es dann sehr unkontrolliert und zwangsläufig mit schwimmerischen Hilfsbewegungen, insbesondere der Arme, verbunden, die dann die eigentliche Laufbewegung verfälschen. Aus diesem Grunde ist es sinnvoll, ein Hilfsmittel zu verwenden, welches gerade so viel Auftrieb verleiht, dass die Laufbewegung ohne schwimmerische Zusatzbewegungen ausgeführt werden kann. Mittlerweile werden einige solcher Gürtel angeboten, die mit einem elastischen Band um den Bauch oder um den gesamten Rumpf herum getragen werden. Sie sind in verschiedenen Auftriebsstärken und Größen erhältlich und können individuell angepasst werden (vgl. Foto 1). Die verschiedenen Auftriebskörper kosten je nach Produkt zwischen € 20,- und 220,- .

Bei der Auswahl eines Aquajogging-Auftriebsgeräts sollte darauf geachtet werden, dass eine stufenlose Verstellmöglichkeit gegeben ist, der Auftriebskörper sich gut an den Körper anlegt, die Atmung nicht behindert wird, das Schwingen der Arme nicht beeinträchtigt wird und das Material widerstandsfähig ist.
    Unter diesen Gesichtspunkten stellen der Aquajogger® oder der Speedo-Belt® die zur Zeit sinnvollsten Entwicklungen dar.

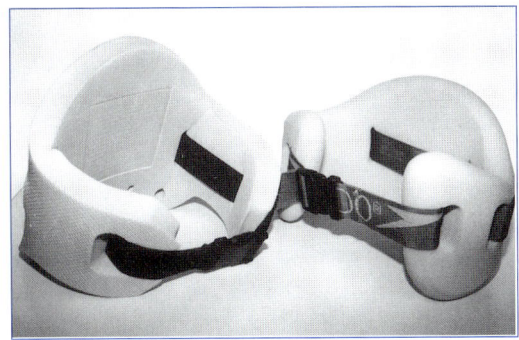

*Foto 1: Aquajogger®
und Speedo-Belt®*

3.2.2   Zubehör

Von verschiedenen Herstellern werden zusätzliche Artikel für das Aquajogging-Training angeboten, die meistens die Intensität des Aquajoggings allgemein oder nur die Beanspruchung bestimmter Muskelgruppen erhöhen sollen. Solche Zubehörartikel sind z. B.:

- Zusätzliche Auftriebskörper für die Füße in Form von **Fußmanschetten,** z. B. Aquarunners®. Solche Auftriebskörper erhöhen die Intensität des Aquajoggings.

- Zusätzliche Auftriebskörper für die Hände, meistens in Form von **hantelförmigen Auftriebsgeräten,** z. B. DeltaBells®. Solche Geräte dienen der Belastungssteigerung der Oberkörpermuskulatur. Durch verschiedene Haltung der Geräte kann meistens eine relativ leichte und gute Dosierung der Belastung erreicht werden. Darüber hinaus ermöglichen sie eine Vielzahl von verschiedenen Gymnastikübungen. Allerdings müssen diese Geräte gegen den Wasserwiderstand festgehalten werden, sodass leicht Verspannungen in den Unterarmen oder Händen auftreten können. Bei manchen Geräten ist die Auftriebswirkung zu groß, um damit joggen zu können.

Foto 2: Aquarunners®
und DeltaBells®

- Zusätzliche Widerstandsgeräte für die Hände in Form von **Handschuhen,** z. B. Aqua Mitts®. Auch diese Geräte erhöhen die Belastung für die Oberkörpermuskulatur. Sie erreichen die Intensitätserhöhung über die größere Fläche, die durch das Wasser bewegt werden muss. Ihr Widerstand ist geringer als bei den Geräten mit Auftriebswirkung. Der wesentliche Vorteil der Handschuhe liegt darin, dass sie im Gegensatz zu den DeltaBells® nicht festgehalten werden.

- Zusätzliche Widerstandsgeräte in Form von **elastischen Zugseilen,** z. B. AquajoggerHitch®. Solche Zugseile werden am jeweiligen Auftriebsgerät und außerhalb des Wasserbeckens befestigt und erhöhen die allgemeine Herz-Kreislauf-Belastung des Aquajoggings. Außerdem ermöglichen sie ein stationäres Aquajogging. Sie sind hauptsächlich für den Leistungssport gedacht.

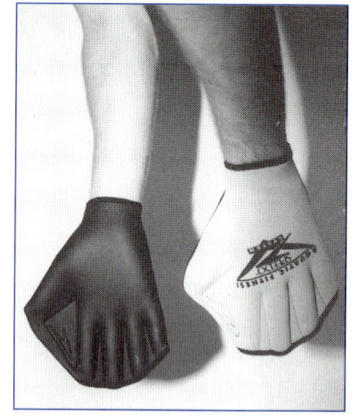

Foto 3: Aqua Mitts®

3.3   Technik

Die Lauftechnik im Wasser unterscheidet sich zumindest äußerlich im Grunde nicht von der Lauftechnik an Land. Durch den fehlenden Bodenkontakt und dadurch, dass der Aquajogger gerade so viel Auftrieb verleiht, dass nur der Kopf aus dem Wasser ragt, ergeben sich jedoch zwangsläufig einige Änderungen, die nicht nur die Lauftechnik, sondern auch die muskuläre Belastung betreffen. Der Auftrieb der meisten Aquajogging-Geräte wirkt durch die Trageweise um den Bauch herum in unmittelbarer Nähe des Körperschwerpunkts. Dadurch ist es relativ einfach, verschiedene Körperlagen, insbesondere auch die Laufhaltung, einzunehmen. Damit der Auftrieb des Gürtels tatsächlich in der Nähe des Körperschwerpunkts wirkt, darf er weder zu „hoch" noch zu „tief" getragen werden. Im Allgemeinen hat ein Auftriebsgürtel dann die richtige Position, wenn sich das elastische Verschlussband vor oder knapp unter dem Bauchnabel befindet. Das Band muss so stark angezogen werden, dass der Gürtel um die gesamte Hüfte, insbesondere im Rückenbereich, straff anliegt, was öfters kontrolliert werden sollte, da sich die Bänder im Wasser meistens etwas längen.

Man unterscheidet beim Aquajogging im Wesentlichen die drei Lauftechniken **Schritt-, Schreit-** und **Kniehebelauf**. Zusätzlich existiert noch eine vierte, – die so genannte **Robo-Jogg-Technik** – welche bisher hauptsächlich im Rahmen der Rehabilitation angewandt wurde.

Abb. 1: Lauftechniken:
a) Schrittlauf,
b) Schreitlauf,
c) Kniehebelauf,
d) Robo-Jogg

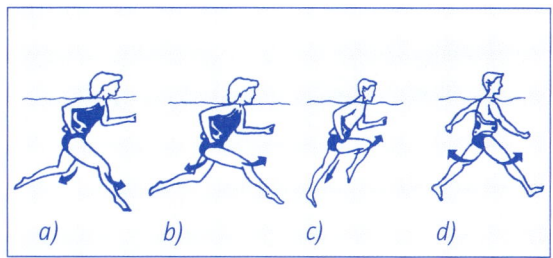

Die schwunghafte Armbewegung im Schultergelenk ist bei allen drei Lauftechniken gleich. Der Schrittlauf gleicht einer Kombination aus einer Lauf- und Radfahrbewegung und ist vor allem durch einen Vorschwung des Unterschenkels und ein Zurückführen der Beine gekennzeichnet. Das wesentliche Bewegungsmerkmal des Schreitlaufs ist das Ausführen von Schritten mit großer Bewegungsamplitude durch das weite Nachvorneführen des Fußes. Der Kniehebelauf ist durch das wechselseitige Anheben der Knie bis zur Waagerechten bei hoher Frequenz und einer aktiven Streckung des Beins nach hinten unten charakterisiert. Beim Robo-Jogg bleiben die Beine immer ganz durchgestreckt.

3.3.1 Laufhaltung

Bevor man zu laufen beginnt, sollte man eine orthopädisch günstige Laufhaltung einnehmen. Diese zeichnet sich durch folgende Merkmale aus:

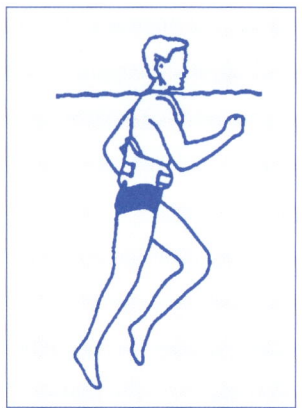

- Leichte Vorlage.
- Aufrechte Kopfhaltung.
- Streckung der Brustwirbelsäule.
- Leichte Anspannung der Bauchmuskulatur.
- Ellbogenbeugung ca. 90°.

Abb. 2: Günstige Laufhaltung (nach: Handbook Aquajogger, 1992)

Bezüglich der orthopädisch günstigen Laufhaltung lassen sich drei typische Fehler feststellen:

1) Der Körper wird zu weit nach vorne gelegt: In dieser Lage bekommt die Laufbewegung sehr schnell Schwimmcharakter. Insbesondere die Armbewegung gleicht dann oft einem Schwimmarmzug, wenn die Hand mit der Innenfläche gegen den Wasserwiderstand zurückgeführt wird. Der frontale Wasserwiderstand wird durch diese Lage verringert, was zu einer geringeren muskulären Belastung und damit zu einer geringeren Effektivität führt. Aus orthopädischer Sicht ist diese Haltung abzulehnen, da hier eine Überstreckung der Wirbelsäule im Lenden- und Halswirbelsäulenbereich vorliegt, die sich auf Dauer negativ auswirken kann. Die ständig um den Lendenwirbelsäulenbereich wirkende Auftriebskraft des Aquajoggers verstärkt diese Belastung zusätzlich. Aus dieser Haltung heraus können die Beine nur sehr schwer weit genug nach vorne geschwungen werden, was aber ein Charakteristikum des Aquajoggings ist.

2) Die Wirbelsäule wird im Brustwirbelsäulenbereich zu stark gebeugt: Diese Haltung ist ebenfalls aus orthopädischen Gründen zu vermeiden. Durch die gebeugte Haltung befindet sich die Nackenmuskulatur in einer ständigen Anspannung, was zu entsprechenden Verspannungen führen kann. Außerdem wird die Atmung in dieser Haltung behindert.

3) Der Körper wird zu aufrecht im Wasser gehalten: Aus dieser Haltung heraus ist eine Laufbewegung nur schlecht möglich, weil die Beine nicht weit genug nach hinten geführt werden können. Die Bewegung gleicht aus dieser Haltung heraus eher einer Tret- oder Radfahrbewegung nach unten als einer Laufbewegung. Die Tretbewegung aber belastet nicht genügend Muskulatur, da kaum Vortrieb und damit auch keine Vorwärtsbewegung erzeugt wird. Auch die Arme werden in dieser Haltung beim Schwingen weniger belastet, da sie nicht

gegen den zusätz-
lichen hydrodynami-
schen Widerstand
der Fortbewegung ar-
beiten müssen.

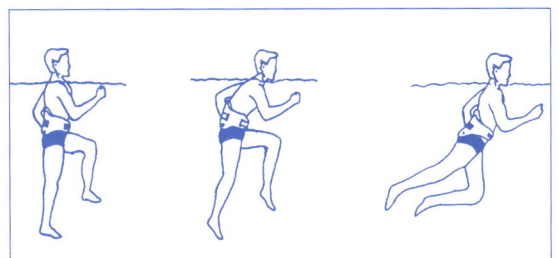

Abb. 3: *Ungünstige*
Laufhaltungen

3.3.2   Schrittlauf

Der Schrittlauf ist die normale Lauftechnik des Aquajoggings. Er ist die Technik,
die am besten über eine längere Zeit durchgeführt werden kann und sich daher
auch am besten für die Durchführung eines Ausdauertrainings eignet. Mit dieser
Technik werden das Herz-Kreislauf-System und die Muskulatur gleichermaßen
trainiert.

Bewegungsbeschreibung
Aus der korrekten Laufhaltung heraus sollte die Bewegung möglichst genauso
durchgeführt werden wie die Laufbewegung an Land. Die Bewegung sollte also
flüssig und nicht ruckartig sein. Von außen gleicht die Beinbewegung eher einer
Kombination aus einer Lauf- und einer Radfahrbewegung als einer reinen Laufbewegung, da keine Hochtiefbewegung wie beim Laufen an Land vorliegt. Das wichtigste Bewegungskriterium des Laufschritts ist der deutliche Schwung oder auch
„Kick" des Unterschenkels nach vorne. Die Knie werden beim Vorschwung der Beine leicht angehoben. Beim Beinrückschwung werden die Beine über die Körperlängsachse hinweg nach hinten zurückgeführt. Die Schrittfrequenz, d. h. jeweils
eine Beinbewegung rechts und links, sollte bei Anfängern zwischen 25 und 35
Schritte pro Minute betragen, während Fortgeschrittene zwischen 40 und 45
Schritte pro Minute erreichen können (BIRKNER, 1994).

Armbewegung
Die Arme sollten gleichmäßig im Schultergelenk geschwungen werden. Dabei
sollte der Winkel im Ellbogengelenk wie beim Laufen an Land ca. 90° betragen.
Die Hände sollten ganz locker und entspannt gehalten werden. Es erfolgt kein
Armzug im Sinne eines Schwimmarmzugs, d. h., die Hände und damit auch die gebeugten Arme werden immer parallel zur Körperlängsachse geführt. Die Steuerung der Bewegung erfolgt über den Ellbogen.

Fußbewegung

Die Fußbewegung beim Aquajogging ist im Verhältnis zur Beinbewegung nur von zweitrangiger Bedeutung. Auch ohne Konzentration auf eine „richtige" Ausführung der Fußbewegung kann man Aquajogging durchführen. Dennoch hierzu einige Worte.

Auf Grund ihrer eher geringen Bedeutsamkeit wird die Fußbewegung in der Literatur oder der Praxis häufig stark vernachlässigt oder nur einseitig dargestellt. Dabei gibt es beim Aquajogging, wie auch beim Joggen an Land, durchaus verschiedene Möglichkeiten, den Fuß nach vorne zu führen. Beim Jogging an Land unterscheidet man hauptsächlich zwischen dem Aufsetzen des Fußes mit der Ferse und andererseits dem Aufsetzen mit dem Mittelfuß oder dem Ballen. Je nachdem, welche Lauftechnik man für das Jogging an Land als „richtig" erachtet, wird diese auch als für das Aquajogging richtig betrachtet. Da beim Jogging sehr häufig der so genannte **Fersenlauf** als der „richtige" Laufstil angesehen wird, wird daher empfohlen, auch beim Aquajogging mit der Ferse vor dem Körper im Wasser „aufzusetzen" (PEKDAG, 1997), d. h. die Fußspitze beim Nachvorneführen des Unterschenkels anzuheben. Diese Meinung wird von den Autoren nicht geteilt. Die Fersenlauftechnik ist zwar durchaus eine Möglichkeit der Variation der Fußbewegung beim Aquajogging, allerdings wird sie als nicht die grundlegende Bewegungsform des Fußes angesehen. Vielmehr wird das Aquajogging hier als eine Möglichkeit betrachtet, einen Laufstil durchzuführen, der dem natürlichen Laufstil des Menschen ähnelt. Dies ist nach Meinung der Autoren der Laufstil über den Mittelfuß (vgl. BIRKNER, unveröffentlichte Dipl.-Arbeit, Universität der Bundeswehr München.), da man diesen Laufstil im Wasser schon fast automatisch durchführt.

Der Fuß wird bei stabiler seitlicher Führung im Sprunggelenk locker nach vorne geschwungen, sodass auf einem imaginären Boden der ganze Fuß oder der mittlere Teil des Fußes aufsetzt. Ein übertriebenes „Aufsetzen" mit der Ferse oder Anheben der Fußspitze nach oben (Dorsalflexion) sollte vermieden werden. Bei der Rückführung des Beins wird die Fußsohle dann bewusst nach unten gedrückt (Plantarflexion).

Merkmale Schrittlauf

- Wirbelsäule ist gestreckt.
- Arme schwingen im ca. 90°-Winkel im Schultergelenk.
- Hände sind locker geschlossen oder zu Handflächen geformt.
- Keinen „Schwimm"-Armzug mit den Armen durchführen.
- Der Unterschenkel schwingt nach vorne.
- Füße schwingen seitlich stabil locker nach vorne.
- Beine werden nach hinten durchgeschwungen.
- Schrittfrequenz: 25-45 Schritte/min.

Foto 4: Schrittlauf

Häufige Fehler

- Der Unterschenkel wird nicht nach vorne geschwungen.
- Es werden Armzugbewegungen durchgeführt.
- Es werden nur die Unterschenkel bewegt/die Knie werden nicht angehoben.
- Die Beine werden nicht hinter die Körperlängsachse zurückgeführt.
- Die Bewegung wird in einer „sitzenden" Position durchgeführt.

Laufbewegungsvariationen

Die Grundform der Laufbewegung kann im Prinzip in verschiedenster Art und Weise wie an Land variiert werden. Je nach Variation werden dabei entweder verschiedene Muskeln des Körpers oder das Herz-Kreislauf-System besonders beansprucht. Es gibt drei besondere Laufvariationen. Wie die normale Laufbewegung sollten auch diese Laufstile möglichst flüssig und ohne ruckartige Bewegungen durchgeführt werden.

3.3.3   Schreitlauf

Diese Lauftechnik ist muskulär stärker belastend als der Schrittlauf. Sie bietet sich daher nur sehr bedingt für ein längeres Ausdauertraining an. Sie ist aber eine gute Möglichkeit, die Bein-, Hüft- und Gesäßmuskulatur im Sinne eines Kraftausdauertrainings zu kräftigen. Je nach Betonung der Bewegungsrichtung beim Beinwechsel kann die Bein-, Hüft- oder Gesäßmuskulatur unterschiedlich trainiert werden:

- Bei Betonung der Vorwärtsbewegung des Beins wird vermehrt die Hüft- und vordere Beinmuskulatur trainiert.
- Bei Betonung der Rückwärtsbewegung des Beins und der Streckung nach hinten wird vermehrt die Gesäß- und hintere Beinmuskulatur trainiert.

Die Technik des Schreitlaufs bietet sich außerdem zur Verlängerung der Schrittlänge bei Läufern an (vgl. Kap. 3.5.2 „Laufsport").

Bewegungsbeschreibung

Charakteristisch für den Schreitlauf ist das weite Nachvorneführen des Fußes. Es werden dadurch sehr lange und große Schritte ausgeführt. Eingeleitet wird der Schreitlauf durch das höhere Anheben des vorderen Knies. Danach erfolgt der Unterschenkelschwung so weit wie möglich nach vorne, wobei die Fußspitze gestreckt wird. Die Bewegung gleicht einer weiten Ausholbewegung mit dem Bein nach vorne. Gleichzeitig wird das hintere Bein so weit wie möglich nach hinten gestreckt. Dann erfolgt der Beinwechsel. Der Armschwung wird dem vergrößerten Schritt entsprechend ebenfalls nach vorne und hinten etwas weiter und kräftiger durchgeführt.

Die Schrittfrequenz beim Schreitlauf ist deutlich geringer als beim Schrittlauf, da der Bewegungsumfang deutlich größer ist. Während für Anfänger 20 Schritte pro Minute normal sind, erreichen selbst Trainierte selten mehr als 30-35 Schritte pro Minute.

Merkmale Schreitlauf

- Füße werden weit nach vorne geführt.
- Knie werden weiter angehoben als beim Schrittlauf.
- Fußspitze ist nach vorne gestreckt.

- Armschwung größer und kräftiger als beim Schrittlauf.
- Beine werden weit nach hinten weggestreckt.
- Schrittfrequenz: 20-30 Schritte/min.

Foto 5: Schreitlauf

Häufige Fehler

- Knie werden nicht genug angehoben.
- Oberkörper wird nach vorne gebeugt/Brustwirbelsäule wird gebeugt.
- Es wird nur eine Beinbewegung (nach vorne oder nach hinten) betont.
- Oberkörper wird seitlich verdreht.
- Beine werden nicht weit genug hinter die Körperlängsachse geführt.

3.3.4   Kniehebelauf

Die Technik des Kniehebelaufs bietet die Möglichkeit, das Herz-Kreislauf-System und den Energiestoffwechsel nachhaltig zu belasten. Herzschlagfrequenz und Energiestoffwechsel können sehr gut über eine Erhöhung der Bewegungsfrequenz erhöht werden (HOLLMANN & HETTINGER, 1990, S. 396; STEGEMANN, 1991, S. 289). Eine Erhöhung der Bewegungsfrequenz ist aber mit den anderen Lauftechniken kaum oder nur sehr schwer möglich. Der Kniehebelauf ermöglicht eine solche Bewegungsfrequenzerhöhung. Er bietet sich besonders für Tempoerhöhungen während eines Intervalltrainings oder eines Fahrtspiels an.

Bewegungsbeschreibung
Beim Kniehebelauf werden die Knie im Wechsel bis weit über die Hüfte angehoben. Der Unterschenkel wird nur etwas – nicht so weit wie in der Schreitlauftechnik – nach vorne geschwungen. Das Bein wird nur wenig nach hinten gezogen. Es wird hauptsächlich nach hinten unten gestreckt. Die Streckung umfasst dabei auch den Fuß. Der Unterschied zu einer Tretbewegung liegt in dem zwar geringer als in der Grundform, aber immer noch vorhandenen Unterschenkelschwung sowie in der Streckung des Fußgelenks. Die hauptsächliche muskuläre Belastung liegt im Knieanheben und dem Strecken des Beins nach hinten unten. Diese Bewegung kann normalerweise mit einer deutlich höheren Schrittfrequenz ausgeführt werden. Bereits Anfänger erreichen Frequenzen von 30-35 Schritten pro Minute, während Fortgeschrittene bis zu 60 Schritte pro Minute erreichen. Die Armbewegung verändert sich dahin gehend etwas, dass die Arme etwas weiter nach oben (eventuell sogar kurz durch die Wasseroberfläche) durchgeschwungen und schneller bewegt werden. Der Ellbogenwinkel kann verkleinert werden.

Merkmale Kniehebelauf

* Wechselseitiges Anheben der Knie über Hüfthöhe.
* Kleiner Unterschenkelschwung.
* Aktive Streckung des Beins nach hinten unten.

Foto 6: Kniehebelauf

Häufige Fehler

- „Radfahrbewegung".
- Tretbewegung senkrecht nach unten.
- Beugung der Wirbelsäule.

3.3.5 Robo-Jogg

Diese Lauftechnik kommt ursprünglich aus dem Rehabilitationsbereich. Sie dient dort hauptsächlich dem schmerzfreien Aufbau der kniegelenkstabilisierenden Muskulatur. Der große Vorteil dieser Lauftechnik liegt darin, dass das Kniegelenk muskulär stabilisiert wird und die gesamten Gelenkstrukturen dadurch geschont werden. Die Kniegelenkstabilisierung wird durch eine fast gleichzeitige Beanspruchung der nahezu gesamten Beinmuskulatur (Beinbeuger und -strecker, Wadenmuskulatur) erreicht (KÜHNE, JOST & ZIRKEL, 1996; REISCHLE & BERSCHIN, 1996). Diese Lauftechnik ist muskulär sehr stark belastend, aber koordinativ relativ einfach zu erlernen.

Bewegungsbeschreibung
Die Beine werden in vollständig gestrecktem Zustand abwechselnd nach vorne und zurück geführt. Beim Nachvorneführen des Beins wird die Fußspitze angezogen und beim Zurückführen des Beins wird die Fußspitze gesenkt. Die Arme müssen bei dieser Lauftechnik stärker zur Gleichgewichtssteuerung eingesetzt werden. Dies geschieht durch eine Veränderung des Ellbogenwinkels. Während der Rückführphase erweitert sich der Winkel über 90°, während des Nachvorneführens verkleinert sich der Winkel unter 90°. Die Bewegungsfrequenz beträgt zwischen 15 und 30 Schritte pro Minute.

Merkmale Robo-Jogg

- Beine sind ganz durchgestreckt.
- Armwinkel verändert sich.
- Fußspitze wird beim Nachvorneführen angehoben.

Foto 7: Robo-Jogg

- Beine sind nicht ganz durchgestreckt.
- Körper ist instabil.
- Hohlkreuzhaltung – Wirbelsäule ist nicht gestreckt.

3.4 Effekte des Aquajoggings

Aquajogging ist von der Grundstruktur her eine Ausdauersportart, auch wenn es viele spielerische und kräftigende Elemente zulässt oder beinhaltet. Wird es als Ausdauersportart betrieben, so kann es eine Vielzahl von positiven Effekten auf die Gesundheit haben, da sich die Vorteile und Auswirkungen des Mediums Wasser mit denen eines Ausdauertrainings in nahezu idealer Art und Weise ergänzen. Es kann bei richtiger Anwendung zu folgenden physiologischen Effekten führen:

- Erhöhung der allgemeinen Ausdauerleistungsfähigkeit.
- Leistungsverbesserung zahlreicher Muskelgruppen (Ganzkörpertraining).
- Kräftigung der (Ein-) Atemmuskulatur.
- Kräftigung der Rumpfmuskulatur.

- Gelenk- und Bänderentlastung.
- Förderung des Gelenkstoffwechsels.
- Wirbelsäulen- und Bandscheibenentlastung.
- Nachhaltige Anregung des Stoffwechsels.
- Gefäßtraining.
- Stärkung des Immunsystems.

Auch die Bewegungs- und Wahrnehmungsfähigkeiten, die Sensomotorik, kann durch Aquajogging trainiert werden. Potenzielle Auswirkungen können sein:

- Verbesserung von Koordination und Gleichgewicht.
- Erhöhung der Wahrnehmungsfähigkeiten.

Aber nicht nur Auswirkungen auf den menschlichen Körper bzw. dessen Motorik sind erreichbar. Neben den vielfältigen physiologischen Effekten von Sport allgemein und Aquajogging im Besonderen werden positive Wirkungen auf die Psyche und das allgemeine Befinden oft vergessen bzw. stark vernachlässigt. Dabei bietet gerade Aquajogging ein sehr großes Potenzial für eine Reihe von positiven psychischen Effekten. Solche sind z. B.:

- Sammeln neuer Bewegungserfahrungen.
- Erhöhung des allgemeinen Wohlbefindens.

- Entstehung von „harmonischen Bewegungsgefühlen".
- Erhöhung des Selbstbewusstseins.
- Psychische Entspannung.

Im sozialen Bereich:

- Entstehung von neuen sozialen Kontakten.
- Möglichkeit der Eingliederung in eine Sportgruppe.
- Gemeinsames Trainieren von Jung und Alt.

Die Durchführung eines Aquajogging-Trainings kann damit auf sehr viele Bereiche des Menschen positive Effekte haben. Die Effekte können sich auf den Körper,
die Motorik, die Psyche sowie auf das soziale Umfeld beziehen. Im Folgenden soll
daher eine systematische Beschreibung möglicher positiver Effekte des Aquajoggings auf verschiedene Bereiche des Menschen bzw. des menschlichen Organis-
mus vorgenommen werden.

3.4.1   Physische Effekte

Herz-Kreislauf-System
Durch regelmäßiges Aquajogging kann die Leistungsfähigkeit des Herz-Kreislauf-
Systems und damit die Ausdauer im Allgemeinen verbessert werden (BIRKNER,
1994; LAKÄMPER, 1995). Beim Aquajogging wird ein so großer Teil der Körpermuskulatur beansprucht, dass auch das Herz-Kreislauf-System als leistungsbe-
grenzender Faktor besonders trainiert wird. Wie durch nahezu jedes Ausdauertraining können deshalb auch durch Aquajogging, bei entsprechender regelmäßiger
Durchführung, folgende Effekte für das Herz-Kreislauf-System erreicht werden
(vgl. DE MARÉES, 1992; WEINECK, 1990b):

- Senkung des Ruhepulses.
- Erhöhte maximale Leistungsfähigkeit des Herz-Kreislauf-Systems.
- Verringerter Sauerstoffbedarf des Herzmuskels.
- Verbesserte Durchblutung des Herzens.
- Senkung des Blutdrucks.

Muskulatur
Da beim Aquajogging eine Vielzahl von Muskeln beansprucht wird, kann man es
auch als ein „Ganzkörpertraining" bezeichnen. Im Einzelnen werden beim Aquajogging durch die Arm-, Bein- und Fußbewegungen sowie durch das Beibehalten
der gestreckten Körperhaltung und das Aufrechterhalten des Gleichgewichts folgende Muskelgruppen besonders trainiert (BIRKNER, 1994):

- Vordere und hintere Oberschenkelmuskulatur.
- Gesäß- und Hüftmuskulatur.
- Schulter- und Armmuskulatur.
- Bauch- und Rückenmuskulatur.
- Wadenmuskulatur.

Beim Aquajogging können keine „Schwungbewegungen" wie an Land durchgeführt werden, bei denen sich die Muskeln nach einmaliger Anspannung während einer Bewegung wieder entspannen können.

Dadurch werden beim Aquajogging hauptsächlich die Kraftausdauerleistungsfähigkeiten der Skelettmuskulatur verbessert. Wird Aquajogging regelmäßig betrieben, so verbessert sich mit der Zeit die Durchblutung der Muskulatur (Kapillarisierungseffekt). Die massageähnliche Wirkung des Wassers, insbesondere während der Abwärm- oder Entspannungsphase eines Aquajogging-Trainings, verkürzt (durch den schnellen Abtransport von Stoffwechselschlacken) die notwendige Regenerationszeit der Muskeln (vgl. BLUM, 1986). Durch kurze Regenerationsphasen wiederum kann die Trainingshäufigkeit ohne Gefahr der Überlastung erhöht werden.

Die Halte- und Stützmuskulatur wird beim Aquajogging nicht statisch, sondern dynamisch belastet. Sie wird daher nicht nur entlastet, sondern auch trainiert. Empfunden wird der An- und Entspannungswechsel der Stütz- und Haltemuskulatur, insbesondere der Rückenmuskulatur, häufig als eine allgemeine muskuläre Entspannung, was eine eventuelle Schmerzsymptomatik verringern kann.

Atmung

Wie jede regelmäßige Bewegung im Wasser (vgl. Kap. 2), so trainiert auch Aquajogging die Atmung. Atmet man im Wasser ein, so muss die Atembewegung der Bauchdecke und des Brustkorbs gegen den Wasserdruck geschehen. Die Einatemmuskulatur wie Zwerchfell und Rippenmuskulatur muss daher verstärkt arbeiten. Geschieht dies häufiger, so wird sich die Einatemmuskulatur dieser Belastung anpassen und leistungsfähiger werden. Die Ausatemmuskulatur dagegen wird in ihrer Arbeit durch den Wasserdruck unterstützt, was zu einer verlängerten Ausatemphase führen kann. Beide Effekte können zu einer vertieften und langsameren Atmung in Ruhe auch an Land führen.

Gefäßsystem

Aquajogging ist ein sehr effektives Training des Gefäßsystems. Zum einen liegt ein ständiger Wechsel zwischen dem durch das Wasser veranlassten Zusammenziehen und der durch die Bewegung veranlassten Ausweitung der Gefäße vor. Zum anderen führen die ständig wechselnden Kompressionsdrücke des Wassers auf den Körper bei Bewegung, je nachdem, wie tief sich der Körperteil im Wasser befindet, zu einer fortwährenden Reizung des Gefäßsystems. Die zyklischen Bewegungen des Aquajoggings und der wechselnde Wasserdruck in Abhängigkeit von der Tiefe fördern den venösen Rückfluss des Blutes in den Beinvenen und können einer Schwä-chung der Venenklappen und dem Entstehen von Krampfadern vorbeugen.

Stoffwechsel

Der Energiestoffwechsel wird beim Aquajogging in außergewöhnlichem Maße angeregt. Insbesondere der Fettstoffwechsel kann trainiert werden, wenn der erhöhte Grundumsatz im Wasser dazu führt, dass die Glykogenvorräte schneller erschöpft werden und der Fettstoffwechsel früher die dominante Energiebereitstellung übernimmt. Diese Möglichkeit, den *Fettstoffwechsel* zu trainieren, wird zusätzlich durch die Tatsache, dass man beim Aquajogging selbst als Untrainierter relativ schnell fettstoffwechselintensive Belastungsdauern von über 30 Minuten erreichen kann, verbessert. Auf Grund der Auskühlung während des Wasseraufenthalts ist der Stoffwechsel auch noch nach dem Training für längere Zeit erhöht. Alle Effekte zusammen können eine *Gewichtsabnahme* nachhaltig besonders unterstützen. Der mittlere Kalorienverbrauch beim Aquajogging kann je nach Belastung zwischen 220 kcal (929 J) pro Stunde für Frauen oder 330 kcal (1.369 J) pro Stunde für Männer bei niedrigen Belastungen (38 Schritte/min) oder bis zu 1.000 kcal (4.186 J) pro Stunde bei Höchstbelastung gegenüber 600-800 kcal (2.500-3.350 J) pro Stunde beim Laufen betragen (GRÜNING, 1994; MICHAUD, SHERMAN & BRENNAN, 1992).

Gelenke

Die zyklischen, d. h. immer wieder gleichen Bewegungen beim Aquajogging besitzen keine besonders hohen Druckbelastungsspitzen in den Gelenken, d. h., dass sich insbesondere die Hüft-, Knie- und Sprunggelenke quasi „belastungsfrei" bewegen können, was die Gelenkernährung verbessert und eine schonende Gelenk- und Muskelmobilisation ermöglicht. Im Aquajogging sind darüber hinaus, besonders beim Schreitlauf, große Gelenkwinkel von Knie- und Hüftgelenk möglich. Dies bedeutet, dass diese Gelenke und damit der gesamte Gelenkapparat und dessen Umgebung wie Bänder, Gelenkkapseln, Sehnen usw. über einen großen Bereich funktionell bewegt werden können, was die Gelenkflexibilität und damit die Beweglichkeit in diesen Bereichen erhöhen oder erhalten kann (vgl. KÜHNE, 1993).

Knochen

Regelmäßiges Aquajogging-Training kann zu einer Erhöhung der Knochendichte führen (TSUKAHARA & TODA, 1994) und könnte damit einen wichtigen prophylaktischen Beitrag zur Verhinderung von Osteoporose liefern.

Immunsystem

Neben dem allgemeinen Abhärtungseffekt durch wiederholten Wasserkontakt (Kap. 2) kann Aquajogging als wohldosiertes Ausdauertraining direkt auch die spezifische und unspezifische Immunabwehr auf zellulärem Niveau verbessern.

Die Wirkungen des Wassers und des Ausdauertrainings Aquajogging können sich beim gesunden Menschen auch im Bereich des Immunsystems gut ergänzen und für eine erhöhte Stärkung der körpereigenen Abwehrkräfte sorgen. Allerdings gilt für das Aquajogging besonders, was für alle anderen Ausdauersportarten auch gilt: Bei Erkältungskrankheiten oder -symptomen sollte kein Aquajogging betrieben werden, da das bereits geschwächte Immunsystem durch die sportliche Belastung überlastet werden kann.

3.4.2   Sensomotorische Effekte

Koordination
Die im Prinzip bekannte Laufbewegung wird beim Aquajogging so stark modifiziert, dass dadurch koordinative Anforderungen entstehen. Der deutlich erhöhte Bewegungswiderstand bei fehlender unterstützender Schwerkraftwirkung und die Betonung des Unterschenkelschwungs nach vorne stellen neue koordinative Anforderungen dar. Diese sind selbst für Lauferfahrene anfangs sehr ungewohnt. Insbesondere bei schnelleren Bewegungen ist die Arm-Bein-Koordination erschwert, da die Arme auf Grund der kleineren Oberfläche einen geringeren Wasserwiderstand zu überwinden haben als die Beine und daher auch schneller im Wasser bewegt werden können. Dies ist besonders bei höheren Bewegungsfrequenzen, wie z. B. beim Kniehebelauf, der Fall.

Gleichgewicht
Die Auftriebswirkung der Aquajogger nahe dem Körperschwerpunkt führt zu einer instabilen Lage im Wasser. Aus dieser instabilen Wasserlage heraus in Verbindung mit der Durchführung verschiedener Laufstile oder Bewegungsarten während eines Aquajogging-Trainings ergibt sich eine erhöhte Anforderung an die Gleichgewichtssteuerung. Dabei kann sogar schon die Einnahme einer entspannten Rückenlage manchmal eine hohe koordinative Anforderung darstellen. Bei längerer Durchführung kann das Aquajogging somit einen positiven Effekt auf die motorischen Fähigkeiten, insbesondere im Bereich des Gleichgewichts, besitzen. Dies könnte insbesondere für ältere Menschen von großem Wert sein, da über das Aquajogging eine Möglichkeit besteht, Bewegungssicherheit auch für die Bewegung an Land zu erlangen.

Wahrnehmung
Die Wahrnehmung des eigenen Körpers sowie das Sammeln neuer Bewegungserfahrungen wird beim Aquajogging nachhaltig gefördert. Die nahezu schwerelose Bewegungsform ermöglicht nicht nur neue Bewegungsformen und erweitert damit die bisherige Bewegungserfahrung, sondern sie erfordert auch eine andere Art

der Bewegungssteuerung und der Körperwahrnehmung. Während an Land die Bewegungssteuerung sehr stark von der Wahrnehmung der Schwerkraft und des Bodenkontakts abhängt, ist man im Wasser verstärkt auch auf die Bewegungswahrnehmung über die Haut angewiesen. Man muss die Bewegung über den Wasserdruck auf der Haut „erfühlen". Der ständig wirkende Wasserwiderstand erhöht darüber hinaus die Fähigkeit der Wahrnehmung von Bewegung über das Muskelempfinden (kinästhetische Wahrnehmung), da fast alle Bewegungen beim Aquajogging aktiv ausgeführt werden müssen.

3.4.3   Psychische Effekte

Jede Sportart, die gerne betrieben wird, hat positive Effekte auf das persönliche Befinden. Ob eine Sportart gerne betrieben wird, hängt ganz entscheidend davon ab, was bei der Sportart erfahren und empfunden wird und was das Durchführen der Sportart für Vorteile mit sich bringt. Ob eine Sportart sich positiv auf das psychische Befinden auswirken kann, ist daher sehr stark vom Individuum abhängig. Verschiedene Sportarten bieten verschiedene und verschieden viele Möglichkeiten für solche Effekte.

Beim Aquajogging wirken insgesamt drei Hauptfaktoren unmittelbar auf die Psyche des Menschen: die Bewegung des Aquajoggings an sich, Aquajogging als Ausdauertraining und das Medium Wasser. Die Kombination dieser drei Faktoren eröffnet ein sehr großes Potenzial für positive Effekte auf das allgemeine Wohlbefinden (BIRKNER, 1997).

Psychische Entspannung
Neben den allgemeinen Effekten von Bewegung im Wasser wie Muskelentspannung, Haut- und Muskelmassage, das Erfahren scheinbarer Schwerelosigkeit, Beruhigung des vegetativen Nervensystems begünstigt die gute Belastungsdosierung des Aquajoggings eine psychische Entspannung, indem das Auffinden einer als angenehm empfundenen Belastungsintensität erleichtert wird. Aquajogging bietet somit die Möglichkeit, sich bereits *während* der Bewegung entspannen zu können, indem die subjektiv optimale Belastung gewählt werden kann, wie das z. B. beim Laufen an Land nicht so ohne weiteres möglich ist.

Wohlbefinden
Bereits ein kurzes (vierwöchiges) Aquajogging-Training kann sich positiv auf das aktuelle und das allgemeine Wohlbefinden auswirken (BIRKNER, 1994). Insbesondere positive Befindensaspekte wie allgemeine, gehobene Stimmung oder die Selbstsicherheit können sich erhöhen, während sich eher negative Befindens-

aspekte wie allgemeiner Ärger, Deprimiertheit oder Nervosität in ihrem Ausmaß verringern können. Die Möglichkeiten, sonst nicht mögliche Sozialkontakte während des Aquajoggings knüpfen zu können, können das allgemeine Wohlbefinden steigern.

„Harmonisches Bewegungsgefühl"
Ähnlich wie andere zyklische Sportarten, z. B. Laufen oder Rad fahren, kann Aquajogging zu harmonischen Gefühlszuständen (so genannte „Flow-Zustände", CSIKS-ZENTMIHALYI, 1992) führen, in denen die Bewegung nahezu „von selbst" geschieht und man das Zeitgefühl verliert (BIRKNER, 1994). Meistens ist dazu jedoch eine längere Belastungszeit notwendig. Das wiederholte Erfahren solcher Zustände kann das allgemeine Wohlbefinden nachhaltig verbessern. Die spezifischen Bedingungen beim Aquajogging wie Konzentration auf sich selbst bzw. eine Bewegung, eine gewisse Rhythmik, eine verstärkte Atmung sowie eine entspannte „Leichtigkeit" könnten im weiteren Sinne sogar meditationsähnliche Erfahrungen entstehen lassen, die sich ebenfalls positiv auf das Wohlbefinden auswirken können (BIRKNER, 1994; SCHLESKE, 1987).

3.4.4   Soziale Aspekte

Aquajogging ist eine der seltenen Sportarten, bei denen tatsächlich Teilnehmer jeden Leistungsgrades *gleichzeitig* teilnehmen können. Unterschiedliche Leistungsfähigkeiten werden fast vollständig nivelliert. Bei der Durchführung im Gruppenrahmen kann ein individueller Belastungsrahmen gewählt werden, ohne dass man den Kontakt zur Gruppe verliert. Gleichzeitig besteht jedoch noch die Möglichkeit der Kommunikation während der Belastung. Durch die Leistungsnivellierung ergeben sich auch neue Chancen im Bereich der sportlichen Spiele. Alters- oder Leistungsunterschiede sind bei der spielerischen Gestaltung des Aquajogging-Trainings kaum ein Hindernis. So ergeben sich vielfältige Möglichkeiten der sozialen Kontaktknüpfung bzw. -pflege. Insbesondere für körperlich weniger leistungsfähige Menschen bietet sich die Möglichkeit der „unauffälligen" Eingliederung in eine Sportgruppe, da auf sie keine spezielle Rücksicht genommen werden muss. Aquajogging kann man zu einem sehr großen Teil tatsächlich *zusammen* durchführen, ohne dass man auf den oder die Trainingspartner Rücksicht nehmen müsste bzw. ohne dass sich die Trainingspartner räumlich entfernen, wie dies z. B. beim Radfahren oder Laufen sehr schnell geschehen kann. Aquajogging bietet somit hervorragende Voraussetzungen für sozial-kommunikative Interaktionen.

3.5 Einsatzmöglichkeiten

Aus den vielfältigen möglichen Auswirkungen des Aquajoggings und aus seinen Vor- und Nachteilen gegenüber anderen Sportarten ergibt sich eine Reihe von verschiedenen Verwendungsmöglichkeiten in unterschiedlichen Anwendungsgebieten, die im Folgenden dargestellt werden sollen.

3.5.1 Freizeit- und Breitensport

Innerhalb des Freizeit- und Breitensports ist das Aquajogging immer noch eine relativ unbekannte Sportform, obwohl es nahezu von jedem durchgeführt werden könnte. Es sind nur geringe Voraussetzungen notwendig und es lassen sich damit viele der heutigen Zivilisationsmangelerscheinungen und -krankheiten verbessern bzw. behandeln, wie z. B. geringe allgemeine Ausdauerleistungsfähigkeit, einseitige, hohe, beruflich bedingte, statische Überbelastung des Halte- und Stützapparats im Rumpfbereich, Abnahme der Koordinationsfähigkeit und Übergewichtigkeit. Leichte Erlernbarkeit, gute Belastungsdosierung und die Unterstützungseffekte des Wassers lassen das Aquajogging zu einer hervorragenden Sportart für Sportanfänger bzw. Untrainierte werden.

So ist das Aquajogging im Freizeit- und Breitensport geeignet

* als Alternative zu den bekannten Ausdauersportarten Laufen, Schwimmen und Rad fahren, insbesondere, aber nicht nur für ältere Menschen.
* als allgemeines Körpertraining, im Speziellen als ein Training für Kraftausdauer, Gleichgewicht und Koordination.
* zur Unterstützung bei einer Gewichtsabnahme.
* als Ergänzung zum Aquatraining/zur Wassergymnastik.
* zur Entlastung des Halte- und Stützapparats.
* zur Verbesserung des allgemeinen Befindens.
* als Möglichkeit zur Förderung von sozialen Kontakten.

Als besonders wichtig erscheint die Tatsache, dass bereits Freizeitsportler leicht und schnell länger als 30 Minuten aquajoggen können, da Dauerbelastungen von über 30 Minuten Voraussetzung für viele langfristige positive Veränderungen im Bereich des Herz-Kreislauf-Systems sind. Übergewichtigen Personen stellt sich mit dem Aquajogging nicht nur eine Möglichkeit, sich gelenkschonend zu bewegen, sondern auch eine gewünschte Gewichtsabnahme durch das Laufen im Wasser zu unterstützen.

3.5.2   Laufsport

Aquajogging kann im Laufsport sehr vielfältig eingesetzt werden. Für Laufanfänger kann es dienen als

- muskuläres Vorbereitungstraining für die gesamte Beinmuskulatur, insbesondere der hinteren Oberschenkel-, der Schienbein- und der Wadenmuskulatur, um eventuellen Überlastungsbeschwerden beim Beginn eines Lauftrainings an Land vorzubeugen (BIRKNER, 1994).
- technisches Vorbereitungstraining mit dem Ziel der Verbesserung der Lauftechnik an Land, im Besonderen zur Betonung des Kniehubs und zur Vorbereitung des Mittelfußlaufstils (BIRKNER, unveröffentlichte Dipl.-Arbeit, Universität der Bundeswehr München. GALLOWAY, 1990). Der möglichen Gefahr, dass sich ein zu häufiges Aquajogging-Training u. U. negativ auf die Laufkoordination an Land auswirken könnte (GRÜNING, 1994), kann durch ein wechselndes Training an Land und im Wasser begegnet werden.

Für fortgeschrittene Läufer kann ein Aquajogging-Training dienen:

- zur Aufrechterhaltung der allgemeinen Ausdauer nach einer Verletzung.
- zur Vermeidung von Überlastungsbeschwerden.
- zur Aufrechterhaltung der spezifischen Laufausdauer nach Verletzungen.
- als Trainingsalternative oder -ergänzung, insbesondere für das Bahntraining beim Laufen.
- als Mittel, den Trainingsumfang ohne zusätzliche Gelenkbelastung zu erhöhen (z. B. im Triathlon).

3.5.3   Prävention

Als präventive Maßnahme kann Aquajogging in folgender Art und Weise wirken:

- zur Reduzierung von Übergewicht.
- als Mittel zur Stärkung des Herz-Kreislauf-Systems.
- als Mittel zur Muskelkräftigung.
- zur Verhinderung von Koordinationsschwächen.
- zur Erhaltung der Bewegungssicherheit.

Bei Menschen, die Sport aus präventiven Gründen durchführen, ist die körperliche Belastungsfähigkeit oft nur sehr gering. Damit keine Überforderungen entstehen, ist eine genaue Dosierung der Belastung daher von großer Wichtigkeit. Gerade die gute Belastungsdosierung beim Aquajogging sowie die äußerst geringe Verletzungsgefahr prädestinieren es zu einem hervorragenden Präventionssport. Darüber hinaus kann sich Aquajogging präventiv im Sinne der Erhaltung der Bewegungssicherheit, insbesondere bei älteren Menschen, auswirken.

3.5.4 Rehabilitation

Der Einsatzbereich des Aquajoggings im therapeutischen Bereich ist so groß, dass die genauen Einsatzmöglichkeiten der jeweiligen Fachgebietsliteratur (u. a. ECKEY, 1996; STOMMEL & ALTMANN, 1996) vorbehalten sein sollen. An dieser Stelle soll aber trotzdem ein Einblick in das Anwendungsrepertoire des Aquajoggings gegeben werden. Obgleich mit Aquajogging in der Rehabilitation schon gute Erfolge erzielt werden konnten (u. a. KÜHNE, JOST & ZIRKEL, 1996), erscheinen die Anwendungsmöglichkeiten und die Anwendungshäufigkeit noch lange nicht ausgeschöpft. So kann man im Falle einer Verletzung oder bei verschiedenen Krankheiten unter Umständen den Arzt oder den Therapeuten durchaus nach der Möglichkeit einer Aquajogging-Therapie befragen. Im Einzelnen kann Aquajogging rehabilitativ eingesetzt werden:

- nach Verletzungen der unteren Extremitäten.
- bei künstlichem Gelenkersatz im Bereich der unteren Extremitäten.
- bei degenerativen oder rheumatischen Gelenkerkrankungen.
- bei orthopädischen Behinderungen.
- bei neurologischen Störungen.
- bei Venenleiden.
- bei Diabetes.
- bei Übergewicht und Adipositas.
- bei Muskelatrophie im Bereich der unteren Extremitäten.
- bei Atemwegserkrankungen (Asthma).

Im Bereich der Rehabilitation ist aber nicht nur der physiologische Effekt bedeutsam. Im Rahmen der eingeschränkten sportlichen Möglichkeiten von Menschen in der Rehabilitation ist ganz besonders auch das mittels Aquajogging mögliche Bewegungserlebnis an sich von besonderem Wert. Unter Umständen ist Aquajogging eine der wenigen sportlichen Tätigkeiten, die ein Verletzter überhaupt noch durchführen kann; insofern besitzt Aquajogging dann auch eine wichtige psychische Wirkung.

3.5.5 Behindertensport

Wie bereits im Präventionsbereich kann im Behindertenbereich das Durchführen eines sportlichen Trainings mit Menschen, deren Bewegungsmöglichkeiten sehr stark eingeschränkt sind, nicht nur physiologische Effekte erzielen, sondern im Besonderen auch wichtige psychische Wirkungen haben. Bereits die Möglichkeit des bloßen Durchführens einer (sportlichen) Bewegung kann dem behinderten Menschen ein ungeahntes Maß an Bewegungsfreude und/oder neues Selbstbewusstsein vermitteln. Die spezifischen physischen Wirkungen eines Aquajogging-Trainings mit Behinderten hängen in großem Maße von der jeweiligen Behinderung und der speziellen Durchführung des Aquajoggings ab. Viel versprechend könnte der Einsatz eines Aquajogging-Trainings u. a. in den Bereichen orthopädischer Behinderungen, Schäden von Gliedmaßen sowie bei neurologischen Behinderungen sein.

3.5.6 Schwangerschaft

Auch für die Zeit einer Schwangerschaft kann Aquajogging empfohlen werden (ADDINGTON, 1997; GRÜNING, 1994). Dabei kann die werdende Mutter mit Aquajogging nicht nur ihre Leistungsfähigkeit in den Bereichen Ausdauer und Kraft auch während der Schwangerschaft länger aufrechterhalten. Es ist auch mit positiven Effekten direkt auf die Schwangerschaft zu rechnen: eine kräftigere Beckenbodenmuskulatur, geringere Wehenarbeit im zweiten Stadium, eine Verringerung der Gliederschwellung, weniger Rückenschmerzen sowie generell mehr körperliche und psychische Energie während und nach der Schwangerschaft. Schließlich kann die Wiederherstellung der körperlichen Leistungsfähigkeit nach der Schwangerschaft schneller geschehen. Allerdings sollte die Aufnahme eines Aquajogging-Trainings in der Schwangerschaft nur nach eingehender vorheriger Konsultation des Arztes erfolgen.

3.5.7 Kontraindikationen

Wie bei jeder sportlichen Bewegung, kann es auch für das Aquajogging bestimmte gesundheitliche Gründe geben, die für die Durchführung entweder die besondere Vorsicht erfordern, eine vorherige ärztliche Untersuchung notwendig machen oder unter Umständen leider ganz verhindern.

a) Besondere Vorsicht bei der Durchführung ist geboten für:

- Kälteempfindliche und ältere Menschen, die den Auskühlungseffekt im Wasser auch während der Bewegung im Wasser berücksichtigen müssen.
- Kreislaufschwache Personen, die bei längerem Aufenthalt im Wasser mit einer Verschlechterung der Kreislaufregulation rechnen müssen.

b) Gesundheitliche Beeinträchtigungen, bei denen vor Aufnahme eines Aquajogging-Trainings ein Arzt zu konsultieren ist, sind:

- Hypertonie.
- Herzinsuffizienz.
- Kreislaufschwäche.
- Neigung zu Herz-Rhythmus-Störungen.

c) Als absolute Kontraindikationen sind aus verständlichen Gründen zu nennen:

• Offene Wunden.
• Hautkrankheiten und Entzündungen.
• Erkältungskrankheiten.

3.6 Vergleich mit anderen Sportarten und Bewegungsformen

Als Ausdauer- und Gesundheitstraining steht das Aquajogging in Konkurrenz mit den Sportarten, die diesen Bereich bisher abdeckten. Dazu zählen in erster Linie die bekannten Ausdauersportarten Laufen, Schwimmen, Rad fahren, Skilanglauf und insbesondere in den USA auch das Walking sowie der Fitnesssport. Im Folgenden soll das Aquajogging mit einigen Sportarten verglichen und es sollen Vor- oder Nachteile aufgezeigt werden. Da genauere Vergleichsuntersuchungen zum Aquajogging bisher fehlen, ist man dabei häufig noch auf Annahmen angewiesen. Dem Vergleich liegt die Durchführung der Sportarten im Sinne eines Gesundheitssports, d. h. mit mittleren Intensitäten zu Grunde. Auf Grund der Leistungsnivellierung ist das Aquajogging die einzige Ausdauersportart, die auch bei größeren Leistungsunterschieden tatsächlich *zusammen* durchgeführt werden kann.

3.6.1 Laufen

Beim Aquajogging ist mit ähnlichen Effekten auf das Herz-Kreislauf-System wie beim Laufen zu rechnen (BIRKNER, 1994). Gegenüber dem Laufen hat das Aquajogging den Vorteil, dass diese Effekte ohne die beim Laufen auftretende erhöhte Gelenkbelastung, insbesondere der Sprung- und Kniegelenke, aber auch der Lendenwirbelsäule erreicht werden können. Das Verletzungs- und Überlastungsrisiko (Muskelkater) beim Aquajogging ist deutlich geringer als beim Laufen, da weder Gefahrenmomente, wie das Umknicken im Fußgelenk o. Ä. auftreten, noch exzentrische Muskelbelastungen vorliegen. Die Oberkörpermuskulatur wird beim Aquajogging stärker trainiert als beim Laufen. Durch den Einfluss des Mediums Wasser ist beim Aquajogging mit einem verstärkten Training des Gefäßsystems, einem erhöhten Energieumsatz sowie einem deutlich verringerten, schweißbedingten Flüssigkeitsverlust im Vergleich zum Laufen an Land zu rechnen.

Schließlich ist die Liste der Kontraindikationen schon allein auf Grund der fehlenden oder nur sehr geringen orthopädischen Belastung beim Aquajogging viel kürzer als beim Laufen. Insbesondere für den immer größer werdenden Bevölkerungsanteil mit Übergewicht oder mit orthopädischen Problemen sollte das Laufen normalerweise als Sportart ausscheiden. Aquajogging kann von diesen Menschen aber meistens ohne Einschränkung betrieben werden. Die geringste Belastung beim Laufen ist das Fortbewegen des eigenen Körpers in geringstmöglicher Geschwindigkeit. Dies kann aber gerade für Sportanfänger oder Nichttrainierte oft schon eine zu hohe Belastung sein. Die nahezu stufenlose und gut dosierbare Belastungshöhe ist daher ein großer Vorteil des Aquajoggings gegenüber dem Laufen an Land.

Als Nachteil des Aquajoggings gegenüber dem Laufen ist die örtliche Gebundenheit an ein Schwimmbecken bzw. an ein Gewässer und damit unter Umständen auch der fehlende Naturkontakt zu nennen.

Laufen und Aquajogging sollten aber nicht nur als Konkurrenzsportarten verstanden werden. Sie können sich gegenseitig hervorragend ergänzen. So kann Aquajogging insbesondere für lauftechnisch schwächere Läufer auch als eine Art unterstützendes Techniktraining verstanden werden. Das Jogging an Land dagegen kann mit seinen vielfältigen Umwelteindrücken eine interessante Abwechslung zum Aquajogging sein.

3.6.2   Walking

Gegenüber dem Walking, also dem schnelleren Gehen, unterscheidet sich Aquajogging hauptsächlich durch das Medium Wasser, wodurch der Energieverbrauch und die Effekte auf das Herz-Kreislauf-System beim Aquajogging wahrscheinlich größer sind. Besonders die Oberkörpermuskulatur wird beim Aquajogging stärker trainiert als beim Walking. Die Verletzungsgefahren sind bei beiden Sportarten ähnlich gering. Nachteile des Aquajoggings gegenüber dem Walking sind der eventuell fehlende Naturkontakt und die Gebundenheit an ein Schwimmbecken.

3.6.3   Skilanglauf

Die erreichbaren kardiopulmonalen Effekte dürften beim Skilanglauf insbesondere durch den verstärkten Armeinsatz größer sein. Der Energieumsatz bei vergleichbarer Herz-Kreislauf-Belastung liegt beim Aquajogging vermutlich etwas höher. Gegenüber dem Skilanglauf zeichnet sich das Aquajogging durch eine einfachere Bewegungsausführung, durch eine jahreszeitliche Unabhängigkeit und durch ein geringeres Verletzungsrisiko aus. Als besonderer Nachteil des Aquajoggings ist hier noch stärker als gegenüber dem Laufen der im Winter auf jeden Fall vorhandene fehlende Naturkontakt anzusehen. Ein Vorteil des Skilanglaufs ist das intensive, aber relativ schonende Training der Stütz- und Haltemuskulatur.

3.6.4   Rad fahren

Da die beanspruchte Muskelmasse beim Radfahren etwas geringer als beim Aquajogging ist, dürften auch die Auswirkungen auf das Herz-Kreislauf-System zumindest im Freizeitsportbereich beim Radfahren etwas niedriger als beim Aquajogging sein. Der Energieumsatz ist daher wahrscheinlicher geringer als beim Aquajogging. Auch gegenüber dem Radfahren hat das Aquajogging insbesondere im Wirbelsäulenbereich orthopädische Vorteile, da die natürliche Haltung der Wirbelsäule beim Aquajogging leichter eingehalten werden kann als beim Radfahren (Gefahr der Rundrückenposition und/oder Überstreckung der Halswirbelsäule). Ein weiterer, speziell für ältere Menschen wichtiger Vorteil des Aquajoggings ist die wesentlich geringere Gefährlichkeit bzw. Verletzungsgefahr im Falle eines Sturzes. Beim Radfahren ist die Kraftkomponente deutlich größer als beim Aquajogging, d. h., die Arm- und Beinmuskulatur wird stärker gekräftigt als beim Aquajogging. Insbesondere die Kräftigung der Beinmuskulatur wird jedoch (wenn nicht ein entsprechendes Dehntraining durchgeführt wird) häufig durch eine verringerte Flexibilität im Bereich der Beinmuskulatur erkauft. Aquajogging besitzt diesen Nachteil nicht. Als Nachteile des Aquajoggings sind zumindest im Winter der fehlende Naturkontakt und die örtliche Gebundenheit zu nennen.

3.6.5   Schwimmen

Trotz der offensichtlichen Verwandtschaft des Aquajoggings mit dem Schwimmen gibt es gravierende Unterschiede. Bei dem von den meisten Menschen beherrschten Brustschwimmen weist die Wirbelsäule eine ständige Überstreckung (Hyperlordose) im Hals- und Lendenwirbelsäulenbereich auf, sodass das Brustschwimmen aus orthopädischen Gründen eigentlich abzulehnen ist (vgl. BINKOWSKI & HUBER, 1992, S. 83). Beim Aquajogging tritt eine solche Hyperlordosierung nicht auf. Gegenüber dem orthopädisch unbedenklichen Rückenschwimmen hat das Aquajogging wiederum den Vorteil der besseren Orientierung im Schwimmbecken.

Weiterhin vorteilhaft beim Aquajogging ist das Training der nahezu gesamten Skelettmuskulatur, während beim Schwimmen vorrangig der Oberkörper trainiert wird. Das Schwimmen ist für viele Menschen meistens technisch so anspruchsvoll, dass eine längere Belastungsphase, wie sie für ein Training des Herz-Kreislauf-Systems notwendig ist, oft aus Erschöpfungsgründen oder Atemnot nicht erreicht wird. Die häufig mangelhafte Technik vieler Freizeitschwimmer in Verbindung mit dem Zwang, sich über Wasser halten zu müssen, lässt auch meistens keinen entspannenden Effekt beim Schwimmen zu. In beiden Fällen hat das Aquajogging besondere Vorteile. Sowohl eine längere Belastungsdauer als auch eine entspannende Durchführung sind durch die geringe technische Anforderung sowie den Auftrieb der Aquajogging-Geräte sehr leicht möglich. Schließlich ist auch die Atmung beim Aquajogging leichter zu kontrollieren als beim Schwimmen.

Die Problematik der orthostatischen Blutdruckregulation nach Verlassen des Wassers mit der Gefahr der Bewusstlosigkeit ist beim Aquajogging geringer als beim Schwimmen, da man bereits im Wasser eine aufrechte Körperposition innehat.

3.6.6 Wassergymnastik

Bei der Wassergymnastik sind die Auswirkungen auf das Herz-Kreislauf-System etwas niedriger als bei einem kontinuierlich durchgeführten Aquajogging-Training, da die Wassergymnastik mit ihren vielen verschiedenen Übungen keine längeren, kontinuierlichen Belastungen im engeren Sinne eines reinen Ausdauertrainings aufweist. Mit Wassergymnastik können dagegen mehrere verschiedene Muskeln gezielter trainiert werden.

3.6.7 Fitnesssport

Unter Fitnesssport sei im Folgenden das Trainieren an verschiedenen Geräten zum Muskel- oder Herz-Kreislauf-Training in einem Fitnessstudio verstanden. Ein Vergleich des Aquajoggings mit diesem Training ist abhängig von der Art des Trainings und der Weise, wie dieses Training durchgeführt wird und kann daher nur sehr allgemein erfolgen. Aquajogging stellt im Prinzip die Kombination aus einem Kraft(ausdauer-) und einem allgemeinen Ausdauertraining dar. Das getrennte Trainieren von Kraft und Ausdauer in einem Fitnessstudio kann somit durch Aquajogging bis zu einem gewissen Maße ersetzt werden. Die Möglichkeiten, mit Aquajogging Muskeln aufzubauen, sind für den gesunden Menschen nur sehr gering. Dies gelingt besser mit einem Fitnesstraining. Steht jedoch z. B. eine Gewichtsabnahme im Vordergrund, so ist diese durch Aquajogging besser und vor allem schneller zu erreichen als durch die getrennte Durchführung von Kraft- und Ausdauertraining, da der Energieverbrauch beim Aquajogging deutlich höher ist als beim Fitnesssport. Ein wichtiger Vorteil beim Aquajogging ist der auf Grund der niedrigeren Schweißrate geringere Verlust an Mineralien, der beim Ausdauertraining in einem Fitnessstudio z. B. auf einem Ergometer oder Laufband sehr hoch sein kann. Die Verletzungsgefahr im Hinblick auf Zerrungen, Überlastungen und Muskelkater ist insbesondere beim Training an Geräten deutlich höher als beim Aquajogging.

3.6.8   Aerobic

Vom großen Bereich der verschiedenen Formen von Aerobic (Step-, Slide-, High-and Lowimpact usw.) unterscheidet sich das Aquajogging zunächst dadurch, dass es im Medium Wasser durchgeführt wird. Dadurch sind die Bewegungen des Aquajoggings gelenkschonender als die teilweise stark belastenden Sprung- oder Hüpfbewegungen beim Aerobic. Ein weiterer wichtiger Unterschied ist jedoch, dass Aquajogging auch alleine betrieben werden kann, während die verschiedenen Aerobic-Programme meistens unter sehr strikter Anleitung durchgeführt werden. Auch die sozialkommunikativen Möglichkeiten sind beim Aquajogging höher einzuschätzen, da man sich bereits während der Ausübung unterhalten kann, was beim Aerobic kaum möglich ist.

3.6.9   Sportspiele

Sportspiele wie Volleyball, Fußball u. Ä. bieten sehr gute Möglichkeiten für soziale Kontakte und gemeinsames Erleben im Sport. Auch Aquajogging kann als Spielform organisiert werden bzw. es können verschiedene Spiele mit den Auftriebsgeräten des Aquajoggings durchgeführt werden. Ein Nachteil von Sportspielen an Land liegt allerdings in den azyklischen Bewegungen und der z. T. sehr hohen Verletzungsgefahr. Die häufig notwendigen Stopp- oder Bremsbewegungen (exzentrische Muskelbelastungen) können die Muskulatur, den Band- oder Gelenkapparat schnell überlasten und zu Zerrungen, Dehnungen oder Verrenkungen usw. führen. Darüber hinaus sind die Effekte für das Herz-Kreislauf-System deutlich geringer als bei Ausdauersportarten wie Aquajogging (s. Tab. 3).

3.7   Zusammenfassung: Vorteile des Aquajoggings

Der entscheidende Vorteil des Aquajoggings ist die Möglichkeit des *gleichzeitigen* Herz-Kreislauf- und Muskelkräftigungstrainings *ohne* die bei fast allen anderen Freizeitsportarten vorhandene Gelenkbelastung. Für den sozialen Bereich und die Durchführung von Aquajogging-Kursen besonders wichtig, bietet das Aquajogging die Möglichkeit, ein und dasselbe Training mit Menschen unterschiedlichster körperlicher Leistungsfähigkeit gleichzeitig durchzuführen. Der häufig erwähnte Nachteil des Aquajoggings „Gebundenheit an ein Schwimmbad" und „fehlender Naturkontakt" wird hinfällig, wenn man im Sommer auch das Sea-Jogging als eine Form des Aquajoggings betrachtet (vgl. Kap. 8.2). Als Vorteile des Aquajoggings lassen sich somit festhalten:

Sportart	Ausdauer	Stoff-wechsel	Beweg-lichkeit	Kraft	Koor-dination	Verlet-zungsrisiko	Wetterab-hängigkeit	Orthopädi-sche Beur-teilung	Finanzieller Aufwand
Laufen	+++	+++	–	k.A.	k.A.	←	←	–	mittel
Rad fahren	+++	+++	–	++	+	↕	←	+–	eher hoch
Skilang-lauf	++++	++++	+	++	+	↕	⇇	+++	mittel
Schwimmen	++	+++	++	+	++	↘↘	↘↘	++/–	gering
Wasser-gymnastik	+	+++	+++	+	+++	↘↘	↘↘	+++	gering
Aerobic	++	+++	++	++	++	↕	↘↘	+–	mittel
Fitness-training	k.A. v. Training abhängig	+	+	++++	k.A.	↑↑↑	↘↘	k.A. (übungs-abhängig)	eher hoch (Studiokosten)
Sportspiele	+	+	++	+	+++	↑↑↑	↕	–	gering
Aquajogging	+++	++++	++	++	+++	↘↘	↘↘	++++	gering

Tab. 3: Vergleich mit anderen Sportarten und Bewegungsformen (k.A. = keine Angabe)

- Herz-Kreislauf-System-Training bei gleichzeitiger Schonung der Gelenke, Sehnen und Bänder.
- Geringer Mineralverlust (geringe Schweißproduktion).
- Training/Kräftigung zahlreicher Muskelgruppen/Ganzkörpertraining.
- Verringerte Aufwärmzeit und verringertes Muskelkaterrisiko.
- Kommunikation während der Belastung.
- Sehr hoher Energieumsatz/Kalorienverbrauch.
- Kurze Regenerationsphase.

- Druckbelastungsfreie Förderung des Gelenkstoffwechsels.
- Für Anfänger relativ schnelle Steigerung des Belastungsumfangs möglich.
- Extrem niedrige Verletzungsgefahr.
- Nur wenige Kontraindikationen.
- Leichte Erlernbarkeit.
- Individuelle Belastungsdosierung.
- Orthopädische Unbedenklichkeit.
- Nivellierung unterschiedlicher Leistungsfähigkeit.
- Entlastung der Halte- und Stützmuskulatur.

Als Nachteile des Aquajoggings lassen sich festhalten:

- Örtliche Gebundenheit an ein Schwimmbecken.

- Kein Naturkontakt (bei Aquajogging im Schwimmbad).

4 METHODIK – DIDAKTIK

Damit sich die physischen, psychischen und sozialen Effekte einer Sportart auch optimal auswirken können, ist eine gewisse Strukturierung innerhalb der Durchführung der Sportart notwendig. Das trifft nicht nur für die Durchführung innerhalb von Kursen zu, sondern auch für den einzelnen, in der Freizeit betriebenen Sport. Die folgenden methodischen und organisatorischen Hinweise werden nicht nur dem Kursleiter, sondern auch dem Einzelnen selbst helfen, die verschiedenen Techniken schneller und besser zu beherrschen, einen größeren Trainingserfolg zu erzielen und mehr Freude am und durch das Aquajogging zu haben. Als allgemeine Ziele eines Aquajogging-Trainings lassen sich das Technikerlernen, das Durchführen eines Körpertrainings sowie die Steigerung des Wohlbefindens formulieren.

4.1 Technik

Aus methodischer und didaktischer Sicht besitzt das Aquajogging den Vorteil, dass die grundlegende Bewegung auf einer bereits bekannten, nämlich der Laufbewegung, beruht. Es kann deshalb bereits zu Anfang des Kurses oder des Trainings auf eine Art Grobstruktur gebaut werden. Darüber hinaus bietet das Medium Wasser über den hydrodynamischen Wasserdruck gute Möglichkeiten, die eigene Bewegung über das „Wassergefühl" (den taktilen Rezeptor) zu koordinieren und zu kontrollieren.

Trotz der aus dem Alltag vorhandenen Bewegungsgrobstruktur ergeben sich durch die Ausführung in einem anderen Medium – dem Wasser – differenzierte und spezifische Technikanforderungen. Der fehlende Bodenkontakt, die scheinbare Schwerelosigkeit sowie der hydrodynamische Widerstand lassen ein korrektes Nachvollziehen bzw. Durchführen der Laufbewegung wie an Land zunächst selbst für den geübten Läufer als schwierig erscheinen. Insbesondere der fehlende Bodenkontakt bewirkt, dass man kein richtiges „Gefühl" mehr für die Bewegung der Beine hat. Das größere Maß an Freiheitsgraden im Wasser erfordert eine verstärkte Konzentration auf die Sinneswahrnehmung, wie den bewegungsempfindenden (kinästhetischen), tastenden (taktilen) und gleichgewichtsfeststellenden (vestibulären) Sinn. Zum Erlernen der korrekten Aquajogging-Technik sind daher spezifische methodisch-didaktische Maßnahmen erforderlich. Die verschiedenen Maßnahmen lassen sich hauptsächlich unter den beiden folgenden Zielsetzungen subsumieren:

- Schaffung eines Bewegungsgefühls.
- Vermittlung einer Bewegungsvorstellung.

4.1.1   Schaffung eines Bewegungsgefühls

Beim Erlernen neuer oder unbekannter Bewegungen stellt die Vermittlung bzw. Schaffung des Bewegungsgefühls ein entscheidendes und zentrales Moment dar. Hauptsächliche Schwierigkeiten bestehen dabei in der Wahrnehmungszentrierung bzw. der Zentrierung auf das subjektive Empfinden des Lernenden bei der Durchführung der neuen Bewegung (vgl. LEIST & LOIBL, 1993; LOIBL, 1990; MARTIN, CARL & LEHNERTZ, 1993; THOLEY, 1980). Gerade im Bereich des Wassersports erscheint auf Grund der veränderten Umgebungsbedingungen durch das Medium Wasser die Vermittlung eines Bewegungsgefühls von eminenter Wichtigkeit. Es stellt sich daher die Frage, wie das Problem der Wahrnehmungszentrierung im Bereich des Aquajoggings anzugehen ist.

Maßnahmen zur Wahrnehmungszentrierung

Sensorik
Das Bewegungsgefühl bei Bewegungen im Wasser ist sehr stark durch die Erfahrung des hydrodynamischen Widerstandes geprägt. Zur Entwicklung eines Bewegungsgefühls im Wasser erscheint es daher sinnvoll, die Wahrnehmung hauptsächlich auf den wirkenden Wasserdruck auf die bei der Bewegung wichtigsten Körperteile zu lenken:

- Dies ist für den normalen **Schrittlauf** das Schienbein, da beim Unterschenkelschwung der hydrodynamische Widerstand hauptsächlich dort wirkt.
- Für den **Schreitlauf** bietet es sich an, für die Nachvornebewegung des Beins die Aufmerksamkeit auf den Fußrücken zu lenken, da beim weiten Nachvornestrecken des plantarflektierten Fußes ständig der hydrodynamische Widerstand darauf wirkt. Während der Rückwärtsbewegung des Beins bietet es sich an, die Konzentration auf den hinteren Oberschenkel zu richten, da dessen Bewegung das grundsätzliche Element dieser Lauftechnik ist.
- Beim **Kniehebelauf** kann der Kniehub über den Wasserwiderstand einerseits am Oberschenkel (M. quadriceps femoris) und andererseits an der Fußsohle gesteuert werden.
- Beim **Robo-Jogg-Lauf** sollte die Konzentration auf die gesamte Vorder- bzw. Rückseite des Beins gelenkt werden, an der ein jeweils gleichmäßiger Druck zu verspüren sein sollte.

Da gerade im Bereich des Schienbeins und der Fußsohle die Druckempfindlichkeit besonders hoch ist, ist eine Bewegungssteuerung über die Wahrnehmung des hydrodynamischen Drucks besonders an diesen Stellen möglich.

Optik

Auch die optische Wahrnehmung kann zur Wahrnehmungszentrierung verwendet werden:

- Beim **Schrittlauf,** indem man den Lernenden darauf hinweist, dass er beim Vorschwung des Beins seine Fußspitzen sehen muss (Wahrnehmungszentrierung auf die Unterschenkelbewegung).
- Beim **Schreitlauf,** indem man das Knie beim Vorschwung sehen können muss (Wahrnehmungszentrierung auf die Nachvornebewegung des Knies).

Beim Kniehebe- und Robo-Jogg-Lauf bieten sich leider keine ähnlichen Anweisungen an.

Andere Bewegungen

Eine weitere Methode, um die Wahrnehmung auf die hauptsächlichen Bewegungsphasen zu lenken, besteht darin, andere oder modifizierte Bewegungen durchzuführen, bei denen die Zielbewegung entweder schon beherrscht oder automatisch erzwungen wird. Um den grundlegenden Unterschenkelschwung beim normalen Schrittlauf zu vermitteln, bieten sich erfahrungsgemäß z. B. folgende Übungen an:

- Kraulbeinschlag in Rückenlage: Der „Unterschenkelkick" beim Kraulbeinschlag entspricht in etwa der Unterschenkelbewegung beim Schrittlauf.
- Laufen mit aus dem Wasser gehaltenen Armen: Dabei wird der Lernende gezwungen, mit den Beinen so viel Auftrieb zu erzeugen, dass er nicht untergeht. Dies schafft er nur durch intensive „Kickbewegungen" im Unterschenkel.

Wahrnehmungs- und Ausführungshilfen

Die Wahrnehmung der eigenen Bewegung kann auch durch Hilfsmittel verstärkt werden. Solche Hilfsmittel können für das Aquajogging die oftmals eigentlich zur Intensitätssteigerung als Zusatzausrüstung angebotenen Auftriebskörper für die Füße oder hantelähnliche Geräte für die Arme sein. Durch diese Hilfsmittel erhöht sich nicht nur die muskuläre Belastung, sondern ihre Verwendung intensiviert auch die Bewegungswahrnehmung über das Muskel- und Bewegungsempfinden.

Die angesprochenen Hilfsmittel können auch als Ausführungshilfe im Sinne einer Bewegungsführung (Guidance, vgl. BIRKNER, 1994) dienen. Bei langsamer Bewegungsausführung während des Schrittlaufs ziehen die zusätzlichen Auftriebskörper an den Füßen den Unterschenkel nach oben und damit auch nach vorne, womit der Unterschenkelschwung nach vorne fast automatisch ausgeführt wird. Negativ kann sich der Einsatz solcher Zusatzauftriebsmittel allerdings in Bezug auf die rückwärtige Beinbewegung beim Schreitlauf auswirken, da der zusätzliche Auftrieb an den Füßen die Streckphase nach hinten verhindert oder erschwert. Hantelähnliche Zusatzgeräte für die Hände können für den Lernprozess insofern von Nutzen sein, als dass durch ihre Verwendung das häufig zu beobachtende Nach-vornestrecken der Arme anstelle eines Armschwungs verhindert wird, wenn die Auftriebswirkung so groß ist, dass die Geräte mit gestreckten Armen kaum oder nur sehr schwer im Wasser zu bewegen sind.

4.1.2 Schaffung einer Bewegungsvorstellung

Obwohl die Technik des Aquajoggings auf einer theoretisch im Allgemeinen bekannten Bewegung, der Laufbewegung, basiert, hat es sich als sinnvoll erwiesen, zusätzliche Bewegungsvorstellungen beim Lernenden zu schaffen, da das Medium Wasser ein einfaches Übertragen der Laufbewegung nicht zulässt bzw. in großem Maße erschwert. Darüber hinaus ist davon auszugehen, dass bei einem großen Teil der Anfänger falsche Vorstellungen von einer Laufbewegung bestehen.

In Anlehnung an ENNENBACH (1991) oder THOLEY (1980) erscheint eine Kombination von optischer Darstellung und verbaler Instruktion in Form von „operativen Veranschaulichungen" (LEIST, 1993, S. 295) als sehr geeignet, Bewegungsvorstellungen zu erzeugen. Die Anweisungen und die bildlichen Darstellungen sollten dabei so gestaltet sein, dass für die wesentlichen Merkmale der Bewegung eine Vorstellung geschaffen wird, die auf bisher bekannten Bewegungen beruht.

Schrittlauf

Das wesentliche Technikmerkmal des Schrittlaufs ist der Unterschenkelschwung nach vorne. Will man diese Bewegung sprachlich und bildlich veranschaulichen, so muss man nach bekannten und ähnlichen Bewegungen aus der Alltagserfahrung suchen. Ähnliche Bewegungen des Unterschenkels wie beim Aquajogging-Schrittlauf werden z. B. beim Weg-schießen eines Balls durchgeführt. Eine entsprechende Anweisung zu dem Bild könnte daher sein:

„Stellen Sie sich vor, Sie schießen einen Ball unter Wasser weg."

Abb. 4: *Bewegungsvorstellung beim Erlernen des Schrittlaufs*

Schreitlauf

Wesentliches Merkmal dieser Technik ist das weite Nachvorne- bzw. Zurückführen des Beins. Dabei ist die Bewegung nach vorne allerdings bestimmender, da sie die Voraussetzung dafür bildet, dass das Bein überhaupt weit nach hinten zurückbewegt werden kann. Ähnliche Bewegungen muss man mit dem Bein ausführen, wenn man z. B. über ein Hindernis springen möchte. Eine Anweisung könnte daher sein:

„Stellen Sie sich vor, Sie müssen über eine Hürde oder ein hohes Hindernis laufen."

Abb. 5: *Bewegungsvorstellung beim Erlernen des Schreitlaufs*

Kniehebelauf

Der Kniehebelauf ist durch Kniehub und Beinstreckung als Technikmerkmal bestimmt. Ein ähnliches Anheben der Knie mit anschließender aktiver Beinstreckung nach unten wird im Alltag z. B. beim Treppensteigen durchgeführt, wenn man zwei Stufen auf einmal hochsteigen möchte. Eine operative Veranschaulichung für den Kniehebelauf könnte daher z. B. sein:

„Stellen Sie sich vor, Sie laufen eine Treppe hinauf und nehmen dabei immer zwei Stufen auf einmal."

Abb. 6: *Bewegungsvorstellung beim Erlernen des Kniehebelaufs*

Robo-Jogg

Der Robo-Jogg-Lauf beinhaltet bereits in seinem Namen eine Bewegungsbeschreibung. So bietet sich hier folgende operative Veranschaulichung an:

„Stellen Sie sich vor, so zu laufen wie ein Roboter."

4.1.3 Ein Wort zur Technik

Natürlich ist es bei einer neuen Bewegungsform angebracht, zuerst die richtige Bewegung zu lernen bzw. zu vermitteln. Allerdings sollte man die anderen Ziele, wie Freude, Spaß, Training dabei nicht vergessen. Gerade am Anfang des Erlernens von neuen Bewegungen besteht die Gefahr der „Vermethodisierung" bzw. der Konzentration auf eine exakte Bewegungsausführung, wobei dann die eigentlichen Ziele aus den Augen verloren werden. Damit dies nicht passiert, sollte das Erlernen der Technik je nach Lerngeschwindigkeit, Stimmung und Leistungsfähigkeit des Lernenden flexibel gestaltet werden. Die exakten Bewegungen an sich sollten zunächst hauptsächlich als Mittel zum Zweck betrachtet werden, eine das Herz-Kreislauf-System belastende Pulsfrequenz oder einen die Muskulatur belastenden Widerstandswert zu erreichen. Stimmt die Pulsfrequenz und ist die Bewegung in der Grobform vorhanden, so kann zunächst auf ein weiteres Techniküben zu Gunsten des Herz-Kreislauf-Trainings verzichtet werden. Andererseits darf die Wichtigkeit der Technik jedoch nicht unterschätzt werden. Insbesondere aus orthopädischen Gründen kann eine Technikverbesserung notwendig werden, wenn das, was dem Herzen und der Seele gut tut, dem Gelenk oder der Muskulatur nicht schaden soll. Es ist häufig gerade die mangelhafte Technik, die die Muskulatur verspannen oder das Gelenk schmerzen lässt.

4.2 Training

Für den Freizeit-, Breiten- und Gesundheitssport sind hauptsächlich vier Trainingswirkungen von Bedeutung:

• Training des Herz-Kreislauf-Systems.
• Training der muskulären Kraftausdauer im Extremitätenbereich.
• Training der Koordinationsfähigkeit.
• Training der Beweglichkeit.

Am geeignetsten ist das Aquajogging dabei vom Grundsatz her zunächst zum Training des Herz-Kreislauf-Systems. Es kann aber, je nach vorliegendem motorischen Defizit, auch hervorragend die Kraftausdauer, die Beweglichkeit oder das Koordinationsvermögen trainieren.

4.2.1 Ausdauertraining

Für das Ausdauertraining liefert die Sportform Aquajogging teilweise völlig neue Möglichkeiten, da sich die positiven Aspekte eines Wassertrainings mit denen eines Ausdauertrainings in nahezu idealer Art und Weise verbinden lassen. Die zahlreichen bekannten positiven gesundheitlichen Auswirkungen eines Ausdauertrainings treffen somit auch für das Aquajogging zu. Allerdings können bisherige Trainingskonzepte zum allgemeinen Ausdauertraining nicht ohne entsprechende Modifikation auf das Aquajogging angewendet werden. Es ist deshalb erforderlich, einige der allgemeinen Prinzipien des Ausdauertrainings zu kennen. Dazu soll ein kurzer Exkurs in die Trainingslehre dienen:

Allgemeine Prinzipien

Unter Ausdauertraining wird im Allgemeinen ein Training verstanden, welches ohne Pause über einen Zeitraum von mindestens 20-35 Minuten durchgeführt wird (vgl. WEINECK, 1990a; ZINTEL, 1994). Zum Training der Ausdauerleistungsfähigkeit kommt eine Reihe verschiedener Methoden zum Einsatz:

• *Dauermethode (extensiv):* Damit ist eine gleichmäßige Belastung ohne Pause über einen längeren Zeitraum gemeint. Außer bei Anfängern sollte diese Zeit mindestens 30 Minuten betragen. Die Belastungsintensität sollte zwischen 60 und 80 % der maximalen Leistungsfähigkeit (maximale Sauerstoffaufnahmefähigkeit) liegen. Die Dauermethode ist hauptsächlich ein Stoffwechseltraining, insbesondere für den Fettstoffwechsel. Darüber hinaus wird die Durchblutung (Kapillarisierung) der belasteten Muskulatur nachhaltig verbessert.

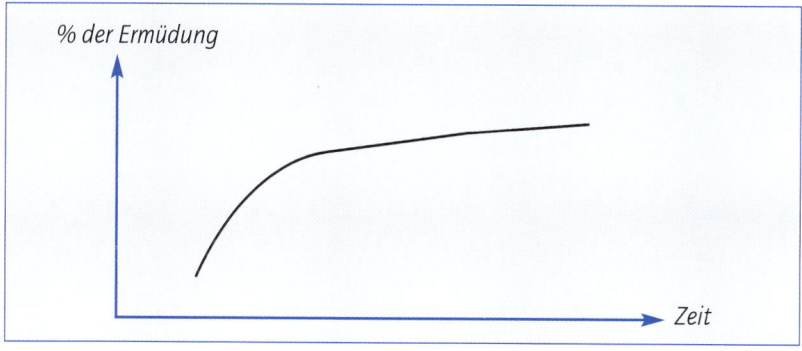

% der Ermüdung

Zeit

Abb. 7: Dauermethode

• *Intervallmethode:* Darunter wird ein Training mit intervallartigen Belastungen (Intervalle) verstanden, d. h., die Belastung ist nicht durchgehend, sondern wird durch häufige Pausen (Intervallpausen) unterbrochen. Die Pausen zwischen den Intervallen sollten so lang sein, dass man sich gut erholen kann, die Pulsfrequenz aber nicht zu stark absinkt (so genannte **lohnende Pause**). Die Pausen sollten auch aktiv gestaltet werden, d. h., dass man sich leicht weiterbelastet, also z. B. locker weiterläuft, Rad fährt, schwimmt oder aquajoggt. Als Richtwert gilt, dass die Pulsfrequenz nur bis ca. 140-120 Schläge/min abfallen soll (vgl. WEINECK, 1990a; ZINTL, 1994). Eine bestimmte Anzahl von Wiederholungen wird in einer „Serie" zusammengefasst. Nach einer Serie wird eine längere Pause (Serienpause) als zwischen den einzelnen Wiederholungen eingelegt. Das Intervalltraining wirkt sowohl herzmuskelverstärkend (hypertrophierend) als auch herzvolumenvergrößernd (dilatierend). Je nachdem, mit welcher Intensität das Intervalltraining durchgeführt wird, unterscheidet man zwischen:

- *Extensivem Intervalltraining*: Bei dieser Trainingsmethode werden die Intervalle mit einer geringeren Intensität zwischen 60 und 80 % der Maximalbelastung und häufig, d. h. zwischen 10 und 30-mal wiederholt und besitzen eine mittlere Dauer zwischen etwa vier und acht Minuten. Die Intervallpausen sind, wie oben beschrieben, „lohnend", d. h. zwischen 30 Sekunden und fünf Minuten. Die etwas längeren Serienpausen betragen zwischen drei und acht Minuten. Das extensive Intervalltraining trainiert das Herz-Kreislauf-System und den Stoffwechsel in gleichem Maße auf hohem Niveau. Dieses Training eignet sich daher am besten für den Sportanfänger, um eine längere Belastungsphase in einer Sportart zu erreichen.

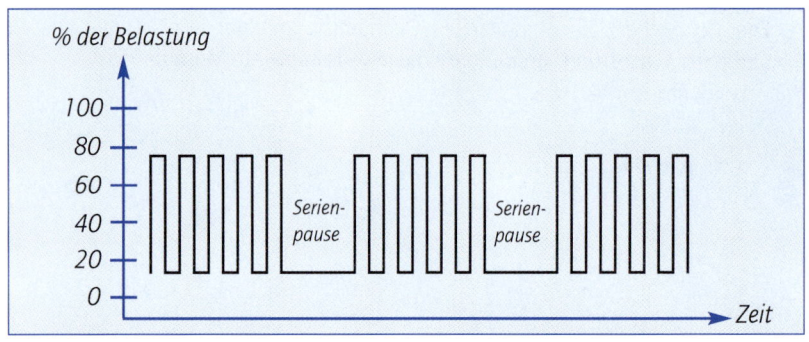

Abb. 8: *Extensives Intervalltraining*

- *Intensivem Intervalltraining:* Beim intensiven Intervalltraining wird mit einer höheren Intensität zwischen 80 und 95 % der Maximalbelastung trainiert. Hier ist die Wiederholungszahl geringer (maximal 10 Wdh.) und die Intervalle selbst sind meistens kürzer, d. h. zwischen 1-4 Minuten. Die Pausen bleiben „lohnend", was zeitlich ca. 2-5 Minuten bedeutet. Die Serienpausen sind mit 5-10 Minuten länger als beim extensiven Intervalltraining. Intensives Intervalltraining führt in besonderem Maße zu einer Stärkung und Vergrößerung des Herzmuskels und damit zur Ausbildung eines so genannten **Sportherzens**.

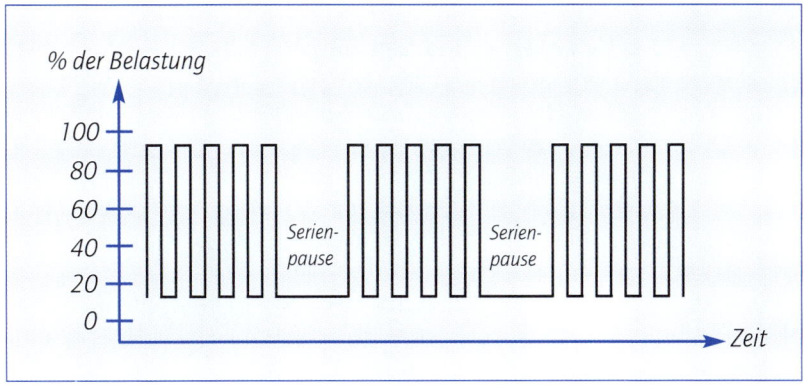

Abb. 9: Intensives Intervalltraining

• *Wiederholungsmethode:* Diese Methode ist eher dem Leistungssport vorbehalten, da hier die Belastungsintensität mit 90-100 % sehr hoch bzw. maximal ist und dies auch über eine längere Zeit aufrechterhalten werden muss. Die Pausen sind mit 4 bis zu 30 Minuten so lange, wie man zur vollständigen Erholung benötigt. Die Wirkungen der Wiederholungsmethode liegen hauptsächlich im Bereich der muskulären Energiebereitstellung (Vermehrung der muskulären Energiespeicher), einer generellen Ökonomisierung der Stoffwechselprozesse und einer Wachstumsanregung für die jeweils belastete Muskulatur.

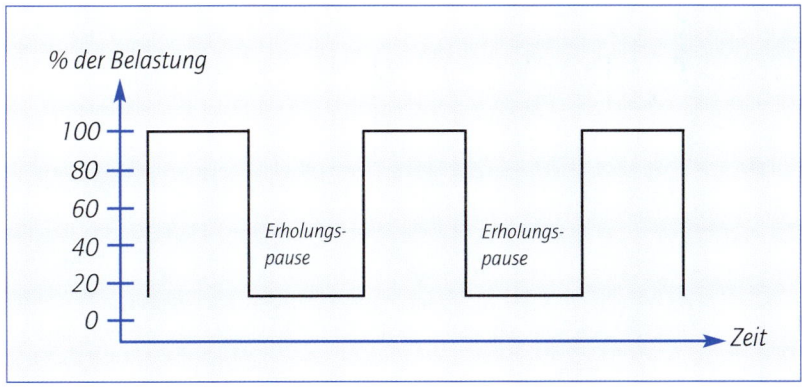

Abb. 10: Wiederholungsmethode

• *Fahrtspiel:* Beim Fahrtspiel wird die Belastungsintensität in unregelmäßigen Abständen von ganz gering bis zu maximal geändert. Die Belastungsänderung kann dabei nach individuellem Befinden oder bestimmten äußeren Bedingungen verändert werden. Die Pausen werden hier aktiv gestaltet, d. h., man

bewegt sich auch in der Pause. Das Fahrtspiel ist eine Art variable Dauermethode und wird in der Trainingslehre auch als solche bezeichnet (ZINTL, 1994).
Es ist hervorragend geeignet, eine komplexe Ausdauerleistungsfähigkeit, d. h.
sowohl Anpassungen im Bereich des Herz-Kreislauf-Systems als auch im Bereich des Stoffwechsels und der muskulären Energiebereitstellung, auszubilden.

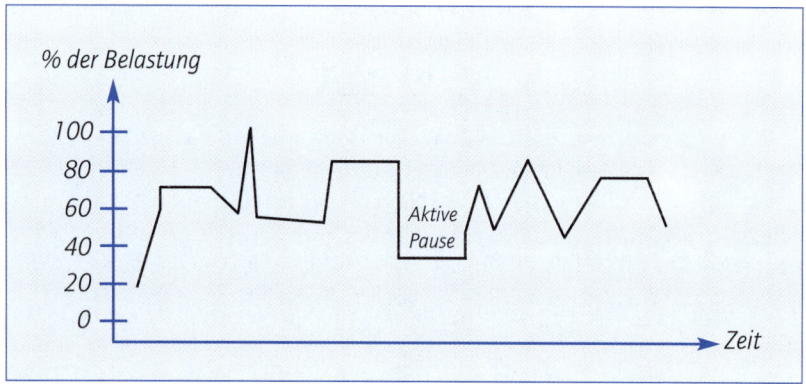

Abb. 11: Fahrtspiel

Welche Methode wann und wie angewendet wird, ist u. a. von der Sportart, vom
Trainingszustand und vom jeweiligen Ziel des Trainings abhängig. Im Bereich des
Freizeitsports kommen meistens nur die (extensive) Dauermethode und die exten-
sive Intervallmethode zum Einsatz. Bei den anderen Methoden besteht für einen
Teil der Freizeitsportler die Gefahr der Überlastung, die allerdings auch nicht
überbewertet werden sollte. Auch für den gesunden Freizeitsportler können zur
Ausbildung einer komplexen Ausdauerleistungsfähigkeit intensive und maximale
Belastungen durchaus ihren Sinn haben und sollten nicht kategorisch abgelehnt
werden.

Ein Ausdauertraining muss mindestens zweimal pro Woche durchgeführt werden,
damit eine bestimmte Ausdauerleistungsfähigkeit aufrechterhalten werden kann.
Zur nachhaltigen Verbesserung der Ausdauerleistungsfähigkeit sind mindestens
drei Trainingseinheiten pro Woche notwendig (vgl. BOECKH-BEHRENS & BUS-
KIES, 1995b; WEINECK, 1990a; ZINTL, 1994).

Aquajogging-Ausdauertraining
Aquajogging ermöglicht ein besonders effektives Ausdauertraining, vor allem für
den Sportanfänger. Dies äußert sich u. a. darin, dass die Steigerung des Belastungsumfangs auf fettstoffwechselintensive Zeiten ungewöhnlich schnell gesche-

hen kann. So sind z. B. Belastungsumfänge von 30 Minuten und mehr selbst für den wenig Trainierten innerhalb von acht Trainingseinheiten durchaus erreichbar (BIRKNER, 1994).

Das gesamte „Anfängertraining" kann aber nicht nur umfangreicher, sondern auch intensiver gestaltet werden als dies von anderen Sportarten, wie z. B. dem Laufen her, bekannt ist. Die Belastungen beim Intervalltraining können generell länger und intensiver, die Intervallpausen dagegen kürzer als an Land ausfallen. Die Pausenlänge sollte selbst nach längeren Belastungen drei Minuten nicht überschreiten (Unterkühlungsgefahr). Normalerweise reicht diese Zeit bei gesunden Menschen aus, um sich auch von maximalen Belastungen im Wasser zu erholen.

Bei entsprechender Gesundheit der Teilnehmer können auch im Anfängerbereich durchaus intensive Intervalltrainingseinheiten durchgeführt werden. Im Fortgeschrittenenbereich kann selbst die üblicherweise nur dem Leistungssport vorbehaltene Wiederholungsmethode u. U. innerhalb eines Trainingsprogramms angewendet werden (BIRKNER, 1994). Die Trainingsform der Dauermethode ist beim Aquajogging bereits für den Anfänger möglich. Allerdings ist die maximale Belastungszeit auch für den Fortgeschrittenen bis auf ca. 60 Minuten beschränkt, um Unterkühlungserscheinungen zu verhindern. Aquajogging als Ausdauertraining ist besonders zeitökonomisch. Das vor jeder sportlichen Tätigkeit obligatorische Aufwärmen kann deutlich verkürzt werden und die Regeneration nach einer Trainingseinheit wird durch die anschließende Entspannungsphase im Wasser beschleunigt.

Belastungsveränderung und -kontrolle

Die Belastung beim Aquajogging kann zwar einerseits sehr fein, d. h. in kleinen Schritten und damit sehr individuell dosiert werden. Andererseits ist die absolute Belastungshöhe des Herz-Kreislauf-Systems und der Muskulatur nur schwer zu bestimmen.

Je nachdem, welchen Effekt man erreichen möchte, gibt es verschiedene Möglichkeiten der **Belastungsveränderung**:

Tab. 4: Möglichkeiten der Belastungsveränderung

Veränderung der	Effekt auf
Lauftechnik	Herz-Kreislauf-System / Muskulatur
Schritt-/ Bewegungsfrequenz	Herz-Kreislauf-System
Schrittweite innerhalb der Lauftechnik	Muskulatur
Armbewegung	Muskulatur

Eine Veränderung der Herz-Kreislauf-Belastung kann man also entweder mit einer Erhöhung/Verringerung der Schritt-/Bewegungsfrequenz oder einer Veränderung der Lauftechnik erreichen. Für eine Veränderung der muskulären Belastung dagegen eignet sich besonders eine Vergrößerung/Verkleinerung der Schrittweite, eine Veränderung der Lauftechnik oder eine Vergrößerung/Verkleinerung der Armbewegung. Will man seine Herz-Kreislauf-Belastung erhöhen, so sollte man zunächst die Bewegungsfrequenz erhöhen. Man kann aber auch zu einer Lauftechnik wechseln, die von vornherein eine höhere Bewegungsfrequenz aufweist, wie z. B. den Kniehebelauf. Möchte man seine muskuläre Belastung erhöhen, so sollte man zunächst die Bewegungsamplitude etwas vergrößern. Wenn dies nicht mehr innerhalb der Technik möglich ist, muss man zu einer anderen Lauftechnik wechseln, bei der die muskuläre Belastung höher ist:

Tab. 5: Vorrangige Belastungsform in Abhängigkeit von der Lauftechnik

Lauftechnik	Vorrangige Belastungsform
Schrittlauf	Herz-Kreislauf-System/muskulär
Schreitlauf	Muskulär (Beine)
Kniehebelauf	Herz-Kreislauf-System/Energiestoffwechsel
Robo-Jogg	Kniemuskulatur

Auch zur **Belastungskontrolle** gibt es verschiedene Möglichkeiten. Für den Freizeitsport relevant sind die Messung der Pulsfrequenz, die Bewegungsfrequenz sowie das subjektive Belastungsempfinden. Eine Belastungskontrolle über die Messung von Stoffwechselprodukten wie Blutlaktat wäre aus sportwissenschaftlicher Perspektive sicher zu befürworten, allerdings ist der dafür notwendige Aufwand innerhalb des Freizeitsports für den Einzelnen meistens zu hoch. Im Rahmen von Kursangeboten kann und sollte jedoch durchaus auf die mittlerweile auch mobil erhältlichen Laktatmessgeräte zur genaueren Bestimmung der Belastung zurückgegriffen werden, falls die dafür notwendigen speziellen Zusatzkenntnisse vorhanden sind.

Belastungskontrolle über die Pulsfrequenz

Soll die Belastungskontrolle über die Pulsfrequenz erfolgen, so muss bedacht werden, dass das Pulsverhalten im Wasser in Abhängigkeit von der Wassertemperatur gegenüber dem an Land bedeutend verändert sein kann. Eine Berechnung des im

Wasser zu erwartenden Pulses kann dabei nur als Anhalt dienen, da das Pulsverhalten im Wasser nicht nur sehr individuell verschieden ist, sondern sich auch unter Belastung und in Ruhe anders verhalten kann.

Zur Berechnung der optimalen Pulsfrequenz für ein Ausdauertraining beim Aquajogging dient folgende Formel:

$$BP = RP + [(MP - RP) * 75\,\%] - [(33 - WT) * 1.25]$$

Dabei bedeuten: BP = Belastungspuls, RP = Ruhepuls, MP = Maximalpuls und WT = Wassertemperatur.

Der Maximalpuls sollte, wenn möglich, über eine vorherige Belastungsuntersuchung festgestellt oder ermittelt werden. Eine solche Untersuchung stellt bereits das normale Belastungs-EKG beim Hausarzt dar, sodass darauf zurückgegriffen werden kann. Falls dies nicht möglich ist, so kann der Maximalpuls theoretisch ermittelt werden über die Formel Maximalpuls = 220 – Lebensalter für Männer bzw. Maximalpuls = 226 – Lebensalter für Frauen.

Der Ruhepuls sollte unter wirklichen Ruhepulsbedingungen, d. h. liegend und ausgeruht, gemessen werden.

Beispiel: Eine 52-jährige Frau hat einen Ruhepuls von 78 Schl./min, sie besitzt kein Ausbelastungs-EKG von ihrem Hausarzt und die Wassertemperatur des Schwimmbades beträgt 28° C.

Da die Frau kein EKG zur Verfügung hat, muss sie ihren Maximalpuls ausrechnen: Dieser errechnet sich aus 226 – Lebensalter = Maximalpuls. Dies bedeutet für die Frau einen Wert von 174 Schl./min. Von diesem Maximalpuls zieht sie ihren Ruhepuls von 78 Schl./min ab und erhält einen Wert von 96 Schl./min. Dieser Wert wird mit 75 % multipliziert: 96 x 75 % = 72. Der Wert von 72 muss nun wieder zum Ruhepuls addiert werden, um die Gesamtbelastung zu bestimmen: 78 + 72 = 150. Dies bedeutet, an Land müsste diese Frau eine Pulsfrequenz von 150 Schl./min erreichen, um sich mit 75 % ihrer Maximalleistung zu belasten. Auf Grund der Wassertemperatur muss aber wieder etwas von diesem Wert abgezogen werden. Bei 28° C Wassertemperatur ergibt sich: (33 – 28) x 1.25 = 6.25. Von den 150 Schl./min müssen somit wieder sechs Schl./min abgezogen werden, und es ergibt sich ein Wert von 144 Schl./min.

Soll die Belastungshöhe verändert werden, z. B. innerhalb von intensiven Intervallen, so muss lediglich ein höherer Prozentwert in die Formel eingesetzt werden. Zur Übersicht seien hier einige empfohlene Pulsfrequenzen in tabellarischer Form aufgelistet:

Tab. 6: Pulstabelle für 60 % Belastung

Alter / Ruhe-puls	20	25	30	35	40	45	50	55	60	65	70
40	136	133	130	127	124	121	118	115	112	109	106
45	138	135	132	129	126	123	120	117	114	111	108
50	140	137	134	131	128	125	122	119	116	113	110
55	142	139	136	133	130	127	124	121	118	115	112
60	144	141	138	135	132	129	126	123	120	117	114
65	146	143	140	137	134	131	128	125	122	119	116
70	148	145	142	139	136	133	130	127	124	121	118
75	150	147	144	141	138	135	132	129	126	123	120
80	152	149	146	143	140	137	134	131	128	125	122
85	154	151	148	145	142	139	136	133	130	127	124
90	156	153	150	147	144	141	138	135	132	129	126

Tab. 7: Pulstabelle für 75 % Belastung

Alter / Ruhe-puls	20	25	30	35	40	45	50	55	60	65	70
40	160	156	153	149	145	141	138	134	130	126	123
45	161	158	154	150	146	143	139	135	131	128	124
50	163	159	155	151	148	144	140	136	133	129	125
55	164	160	156	153	149	145	141	138	134	130	126
60	165	161	158	154	150	146	143	139	135	131	128
65	166	163	159	155	151	148	144	140	136	133	129
70	168	164	160	156	153	149	145	141	138	134	130
75	169	165	161	158	154	150	146	143	139	135	131
80	170	166	163	159	155	151	148	144	140	136	133
85	171	168	164	160	156	153	149	145	141	138	134
90	173	169	165	161	158	154	150	146	143	139	135

Tab. 8: *Pulstabelle für 90 % Belastung*

Alter / Ruhepuls	20	25	30	35	40	45	50	55	60	65	70
40	184	180	175	171	166	162	157	153	148	144	139
45	185	180	176	171	167	162	158	153	149	144	140
50	185	181	176	172	167	163	158	154	149	145	140
55	186	181	177	172	168	163	159	154	150	145	141
60	186	182	177	173	168	164	159	155	150	146	141
65	187	182	178	173	169	164	160	155	151	146	142
70	187	183	178	174	169	165	160	156	151	147	142
75	188	183	179	174	170	165	161	156	152	147	143
80	188	184	179	175	170	166	161	157	153	148	143
85	189	184	180	175	171	166	162	157	153	148	144
90	189	185	180	176	171	167	162	158	154	149	144

Korrektur durch die Wassertemperatur

Je nach Wassertemperatur muss man die Belastungspulsfrequenz mehr oder weniger reduzieren. Dies bedeutet, dass man in kälterem Wasser, wie z. B. beim Sea-Jogging (vgl. Kap. 8.2), mehr Schl./min von der gewünschten Belastung abziehen muss als in wärmerem Wasser wie im Hallenbad. Auch sollte man sich in kälterem Wasser generell geringer belasten und nicht versuchen, auch im See oder kalten Freibad die gleichen Pulsfrequenzen wie im warmen Hallenbad zu erreichen, da man sich sonst überlasten könnte.

Tab. 9: *Pulsfrequenzkorrekturwerte für die Wassertemperatur*

See/Freibad	19° C	20° C	21° C	22° C	23° C	24° C	25° C
Abzuziehende Schl./min	17	16	15	14	13	11	10
Hallenbad	26° C	27° C	28° C	29° C	30° C	31° C	32° C
Abzuziehende Schl./min	9	7	6	5	4	3	2

Dies bedeutet, dass für das übliche Aquajogging im Hallenbad 5-10 Schl./min von der Herzschlagfrequenz abgezogen werden müssen.

Die Wassertemperatur muss nicht nur im Hinblick auf den Trainingspuls, sondern auch bezüglich der Trainingszeit und der Belastungshöhe berücksichtigt werden. Je wärmer das Wasser, desto geringer sollte auch die Belastungsintensität sein, je kälter das Wasser, desto kürzer sollte die Belastungszeit sein. Bei einer Wassertemperatur über 32° C und unter 20° C sollte Aquajogging auf Grund der Wärmestau- bzw. Unterkühlungsgefahr generell vermieden werden. Hier einige Empfehlungen im Zusammenhang mit der Wassertemperatur:

Tab. 10: Wassertemperatur und Belastungsdauer/-intensität

Wassertemperatur	Belastungsintensität	Belastungsdauer
30-32° C	gering, 60 % kein Schreitlauf! kein Kniehebelauf!	max. 10-20 min
26-29° C	mittel, 65-75 %	20-45 min
22-25 ° C	hoch, 80-95 %	20-40 min

Messung mit Pulsmessgeräten

Zur ständigen Kontrolle der Pulsfrequenz bieten sich die mittlerweile auf dem Markt erhältlichen wasserdichten und leicht handhabbaren Pulsmessgeräte an. Allerdings sollte darauf geachtet werden, dass der Puls am Herzen und nicht am Handgelenk erfasst wird (vgl. Foto 8).

Foto 8: Aquajogging mit Pulsmessgerät

Handmessung der Pulsfrequenz

Bei der Handmessung des Pulses nach der Belastung müssen drei Dinge berücksichtigt werden:

1) An der Halsschlagader (Carotispuls) messen.
2) Immer in gleicher Körperhaltung und immer die gleiche Zeit lang, am besten nur 10 Sekunden und mit 6 multiplizieren, messen.
3) Handmessungen unterschätzen den realen Belastungspuls meistens. In Wirklichkeit liegt der Belastungspuls, insbesondere, wenn nicht während, sondern nach der Belastung gemessen wird, um bis zu 10 Schl./min (vgl. NEUMANN, 1993) höher.

Andere Formen der Belastungsveränderung und -kontrolle

Eine weitere Möglichkeit der Belastungskontrolle besteht in der **subjektiven Einschätzung** der eigenen Belastung anhand bestimmter Beschreibungen auf vorgegebenen Skalen. Die Anwendung solcher Skalen erfordert jedoch gerade im Wasser ein besonders hohes Maß an Körperwahrnehmungsfähigkeiten, welche ein Aquajogging-Anfänger kaum besitzt. Eine „Eichung" des subjektiven Belastungsempfindens an die gemessene Pulsfrequenz ist daher unbedingt erforderlich. Diese Art der Belastungskontrolle ist sehr tagesformabhängig, womit die Gefahr besteht, dass man sich leicht überlastet, wenn man sich besonders fit fühlt oder dass man sich unterbelastet, wenn man sich nicht so fit fühlt. Im Allgemeinen sollte man die Belastung je nach Dauer als eher „leicht" bis „mittelschwer" empfinden, was Werten zwischen „2" und „5" auf einer siebenstufigen Skala entsprechen würde:

1 = sehr leicht	5 = mittel bis schwer
2 = leicht	6 = schwer
3 = leicht bis mittel	7 = sehr schwer
4 = mittel	

Die Belastung beim Aquajogging kann auch über die **Schrittfrequenz** kontrolliert werden. Zum Erreichen von mittleren Belastungen können folgende Schrittfrequenzen als Anhaltspunkte dienen:

Schrittlauf:	25-45 Schritte/min
Schreitlauf:	15-35 Schritte/min
Kniehebelauf:	35-60 Schritte/min
Robo-Jogg:	15-25 Schritte/min

Die großen Spannen sind alters- und erfahrungsabhängig. Während Ältere und/ oder Anfänger Bewegungsfrequenzen von 25-35 Schritten/min beim Schrittlauf, d. h. 50-70 Beinhebungen pro Minute erreichen, kommen Fortgeschrittene leicht auf Schrittfrequenzen von 40-45 Schritten/min.

Die Schrittfrequenz ist jedoch wie auch das subjektive Belastungsempfinden nur sekundäres Steuerungsmittel für die Belastung. Man sollte zunächst die Bewegungsfrequenz oder das subjektive Belastungsgefühl ermitteln, bei der man seine optimale Pulsfrequenz im Wasser erreicht. Im weiteren Verlaufe des Trainings kann man dann die Belastung mittels der Schrittfrequenz steuern. Zur Kontrolle sollte aber zwischendurch immer wieder einmal die Pulsfrequenz überprüft werden.

Sicher stellt die ständige Überwachung der Herz-Kreislauf-Belastung mittels eines Pulsmessgeräts vom sportmedizinischen Standpunkt aus die z. Zt. beste und genaueste Lösung der Belastungsüberwachung dar. Vor einem zu einseitigen und konzentrierten Einsatz der Pulsmessgeräte sei allerdings gewarnt, da diese technische und von außen gesteuerte Art der Belastungsüberwachung bzw. -steuerung im Freizeitsport auch Gefahren birgt. So besteht z. B. die Gefahr, dass wichtige Aspekte des Freizeitsports und ganz besonders des Aquajoggings, wie die Konzentration auf den Körper bzw. die Körpererfahrung, nicht berücksichtigt werden bzw. verloren gehen. Pulsmessgeräte sollten immer als Mittel zum Zweck betrachtet werden und nicht als eigentliche Inhalte. Ziel sollte es sein, die Belastung zumindest grob über ein Spezifikum der Bewegungsform, z. B. die Schrittfrequenz oder über das eigene Körperempfinden, steuern zu können.

4.2.2 Krafttraining

Für das Krafttraining kann Aquajogging weniger im Sinne eines Muskelaufbautrainings (Vergrößerung der Muskulatur) als vielmehr im Sinne eines Kraftausdauertrainings zur Anwendung kommen. Für ein Muskelaufbautraining sind die Belastungsintensitäten, die der Wasserwiderstand bietet, im Allgemeinen zu gering (Ausnahme: Rehabilitationsbereich). Dafür beinhaltet die annähernd isokinetische Bewegung im Wasser sehr gute Möglichkeiten, die Muskulatur über den gesamten Bewegungsraum zu kräftigen. Insofern sind auch beim Aquajogging grundlegende Prinzipien des Kraftausdauertrainings anzuwenden.

Allgemeine Prinzipien

Die Belastungshöhe beim Kraftausdauertraining sollte etwa zwischen 30 und 60 % der Maximalkraft liegen (vgl. BOECKH-BEHRENS & BUSKIES, 1995a; MARTIN et al., 1993; WEINECK, 1990a). Darüber hinaus ist ein Kraftausdauertraining gekennzeichnet durch:

- Kurze Pausen zwischen den Belastungsserien (kurze Serienpausen: < 1-3 Minuten).
- Viele Wiederholungen einer Bewegung (mindestens 20-50 oder mehr).

- Mehrere Belastungsserien (3-6 Serien).
- Lange Belastungsdauern.
- Langsame Bewegungsausführungen.

Ein gesundheitsorientiertes Kraftausdauertraining muss mindestens einmal pro Woche durchgeführt werden, um einen bleibenden Effekt erzielen zu können.

Aquajogging-Krafttraining

Das Training der Muskulatur durch Aquajogging beschränkt sich hauptsächlich auf die Extremitätenmuskulatur und deren Kraftausdauerleistungsfähigkeit. Möglichkeiten, um diese zu trainieren, sind:

- **Einsatz von Zusatzgeräten:** Damit sind die in Kap. 3.2 vorgestellten Geräte wie Hanteln oder Fußmanschetten gemeint. Sie können neben dem Einsatz in der Lernphase auch zur gezielten Belastungsverstärkung im Sinne einer Erhöhung des Kraftausdaueranteils beim Aquajogging eingesetzt werden. Dabei muss allerdings darauf geachtet werden, dass auch wirklich aktiv gegen den Auftrieb dieser Zusatzgeräte gearbeitet wird und die Bewegung nicht noch erleichtert wird.
- **Lauf- oder Bewegungsvariationen:** Unter den verschiedenen Lauftechniken des Aquajoggings bietet besonders die des Schreitlaufs die Möglichkeit, ein Kraftausdauertraining für die arbeitende Beinmuskulatur durchzuführen. Diese Lauftechnik stellt quasi für sich schon eine Kraftausdauerbelastung dar, d. h., ihre Anwendung braucht eigentlich nur systematisiert zu werden und man führt automatisch ein Kraftausdauertraining für die Arm- und Beinmuskulatur durch. Auch der Robo-Jogg sowie andere in Kap. 5.4 beschriebene Laufvariationen beanspruchen in verstärktem Maße die Kraftausdauer.
- **Wassergymnastikübungen:** Fast alle Gymnastikübungen im Tiefwasser mit erhöhter Bewegungsgeschwindigkeit über einen längeren Zeitraum stellen ein Kraftausdauertraining dar.
- **Intensive Intervalle:** Intervalltraining im intensiven Bereich trainiert ebenfalls in verstärktem Maße die Kraftausdauerleistungsfähigkeit der Extremitätenmuskulatur. Dabei sollten die Belastungszeiten im Mittelzeitintervallbereich von 1-3 Minuten liegen.

Wichtig bei der Durchführung von Kraftausdauertrainingseinheiten beim Aquajogging ist die Verhinderung einer Unterkühlung. Das Kraftausdauertraining im Wasser muss daher u. U. immer wieder durch schnellere Herz-Kreislauf-Belastungen unterbrochen werden.

4.2.3 Koordinationstraining

Das Aquajogging bietet die Möglichkeit eines quasi versteckten Koordinationstrainings. Damit ist gemeint, dass man nicht unbedingt spezielles Koordinationstraining mit entsprechenden Übungen durchführen muss, sondern dass bereits die verschiedenen Lauftechniken, und dabei insbesondere der Kniehebelauf, ein Koordinationstraining darstellen.

Allgemeine Prinzipien

Ziel eines Koordinationstrainings ist es, die für die motorische Koordination im Wesentlichen notwendigen Sinneswahrnehmungen zu schulen. Neben den bekannten optischen und akustischen Sinneswahrnehmungen sind dies auch die Gleichgewichts- bzw. Raumlagewahrnehmung, die Berührungswahrnehmung sowie die oft vernachlässigte bewegungsempfindende Wahrnehmung (Kinästhetik). Im täglichen Leben ist der Mensch sehr stark von seinen optischen Informationen sowie vom Erfahren der Schwerkraft bestimmt, d. h., die optische und die Gleichgewichts- und Raumlagewahrnehmung besitzen eine sehr große Dominanz, weshalb die anderen Sinneswahrnehmungen häufig nur wenig geschult sind. Allgemeine Trainings- und Übungsprinzipien zur Verbesserung der Koordination sind z. B.:

- Variation von bestimmten Übungen.
- Kombination verschiedener Übungen.
- Veränderung der Umweltbedingungen.
- Veränderung (Verringerung) der Information.
- Üben unter Zeitdruck.

Aquajogging-Koordinationstraining

Aquajogging bietet die Möglichkeit, im alltäglichen Leben weniger trainierte Wahrnehmungssysteme wie die Kinästhetik zu schulen. Koordinative Fähigkeiten können beim Aquajogging dabei allein schon dadurch trainiert werden, dass häufig zwischen den verschiedenen Lauftechniken gewechselt und die verschiedenen Lauftechniken unter Variationen durchgeführt werden. Auch der spielerische Umgang mit den Aquajogging-Auftriebsgeräten schult das Koordinationsvermögen.

4.2.4 Beweglichkeitstraining

Die Beweglichkeit, d. h. das, was man im Allgemeinen unter Gelenkigkeit und Dehnungsfähigkeit versteht, stellt gerade in der heutigen Zeit der Bewegungsarmut am Arbeitsplatz eine sich häufig stark zurückentwickelnde Fähigkeit dar. Insbesondere sitzende Tätigkeiten führen zu einer verstärkten Verkürzung und verringerten Flexibilität der Muskeln sowie zu einer schlechten Ernährung der Gelenke, was als Folge die gesamten Bewegungsmöglichkeiten einschränkt. Dies ist insbesondere auch für Sportler wichtig, da eine eingeschränkte Bewegungsfähigkeit das Verletzungsrisiko der Muskulatur und der Gelenke stark erhöht. Im weiteren Sinne fördert zunächst jede sportliche Tätigkeit die Beweglichkeit. Allerdings kann sich die Beweglichkeit durch einseitige sportliche Belastungen auch wieder verschlechtern, wenn sich die regelmäßig beanspruchten Muskeln verkürzen (z. B. Laufen, Rad fahren).

Allgemeine Prinzipien
Die Beweglichkeit lässt sich nur durch ein ständiges Wiederholen aufrechterhalten bzw. verbessern. Dies bedeutet, dass einmalige oder stark unregelmäßige Beweglichkeitsübungen keinen Effekt haben. Gezielt wird die Beweglichkeit der Gelenke und Muskeln durch Lockerungs- und Stretching-Übungen erhöht.

Mit **Lockerungsübungen** ist dabei das Ausschütteln und Lockern der Muskulatur gemeint. Diese werden zwar meistens nach sportlichen Betätigungen oder in Belastungspausen durchgeführt – sie können aber auch für sich angewandt werden.

Unter **Stretching-Übungen** werden langsame, statische Dehnungsübungen bestimmter Muskeln verstanden. Bei der Dehnung der Muskulatur kommen hauptsächlich zwei Methoden zum Einsatz (vgl. BOECKH-BEHRENS & BUSKIES, 1995a; STERNAD, 1996; WEINECK, 1990a):

- „Passives Stretching": Hierbei wird der betreffende Muskel oder die Muskelgruppe langsam bis zu einem Spannungsgefühl gedehnt und mindestens 10-30 Sekunden lang gehalten bzw. so lange, bis das Spannungsgefühl im Muskel spürbar abnimmt. Ist dies nicht der Fall, so wurde zu weit gedehnt und die Dehnung muss vermindert werden. Lässt das Spannungsgefühl nach, kann etwas weiter gedehnt werden, bis wieder ein Spannungsgefühl entsteht. Das Spannungsgefühl darf *kein* Schmerzgefühl sein.
- „Dehnung – Anspannen – Entspannen – Dehnung" (PNF-Methode): Bei dieser Methode wird der zu dehnende Muskel nach einer ersten Dehnung maximal isometrisch für 6-10 Sekunden angespannt. Danach erfolgt eine Entspannungsphase von 2-3 Sekunden und anschließend erfolgt eine weitere Dehnung von mindestens 10 Sekunden.

Für ein Beweglichkeits-/Stretching-Training können folgende Prinzipien genannt werden:

- Es darf nicht bis an die Schmerzgrenze gedehnt werden.
- Bei mehrgelenkigen Muskeln: ein Gelenk in Endstellung fixieren und den Muskel über das freie Gelenk dehnen.

- Dehnungsübungen sollten wiederholt werden (2-3 x).
- Während der Dehnung sollte tief und ruhig geatmet werden.
- Während der Dehnung sollte man versuchen, sich auch geistig zu entspannen.
- Die Dehnposition sollte mindestens 10-20 s eingehalten werden.
- Stretching sollte nicht nur vor, sondern auch nach einer sportlichen Betätigung erfolgen.

Dehn- und Stretching-Übungen sollten mehrmals pro Woche bis täglich oder sogar mehrmals täglich wiederholt werden.

Aquajogging-Beweglichkeitstraining

Aquajogging ist kein spezifisches Beweglichkeitstraining, wie es ein Stretching-Training ist. Die positiven Effekte des Aquajoggings auf die Beweglichkeit bestehen hauptsächlich in der Möglichkeit, die Bewegungsamplituden zu vergrößern und die Muskulatur entspannen zu können. Soll mit Aquajogging die Beweglichkeit verbessert werden, so sind die Beinbewegungen nach vorne und hinten gleichmäßig stark durchzuführen. Am wichtigsten ist jedoch, dass die Möglichkeit einer vergrößerten Bewegungsamplitude auch wahrgenommen wird und der Wasserauftrieb bewusst zur Unterstützung von Bewegungen verwendet wird. Schließlich sollte die Möglichkeit der Lockerung der gesamten Körpermuskulatur bewusst genutzt werden. Aquajogging kann die Effekte von Stretching-Übungen positiv unterstützen und ergänzt sich damit hervorragend mit einem Stretching-Training. Allerdings sollte das Stretching-Training nicht direkt anschließend an ein Aquajogging-Training geschehen, da eine Muskelermüdung die Beweglichkeit verringert.

4.3 Das Aquajogging-Parallelmodell (APM)

Das hier vorgestellte AP-Modell (BIRKNER & ROSCHINSKY, 1997) stellt ein spezifisches, methodisch-didaktisches Konzept zum Erlernen des Aquajoggings dar, in dem Lern- und Trainingsprozesse sowohl innerhalb der Makro- als auch der Mikrostruktur parallelisiert werden. Aquajogging ermöglicht, ohne gravierende Nachteile, die gleichzeitige Durchführung eines Technik- und Ausdauertrainings. Dies trifft nicht nur auf die Gestaltung eines umfassenden Trainingskonzepts, sondern sogar auf die einzelne Trainingseinheit zu. Konkret bedeutet das für die Praxis des Aquajoggings, dass bereits das Erlernen der Lauftechniken unter dem Aspekt des Trainings gesehen und dementsprechend gestaltet werden sollte. Daraus ergeben sich große motivationspsychologische und zeitökonomische Vorteile.

4.3.1 Der Makrozyklus – Übersicht der Trainingsplanung

Zu Beginn des Trainingsprozesses steht eine kurze Eingewöhnungsphase, in der sich die Teilnehmer an das Medium Wasser und/oder an den speziellen Auftriebskörper und dessen Auswirkungen auf die Bewegungen gewöhnen sollen. Im Folgenden laufen der Lern- und Trainingsprozess parallel zueinander:

I. Das Erlernen der grundlegenden Schrittlauftechnik wird in Form eines extensiven Intervalltrainings mit Kurzzeitintervallen von 1-5 Minuten bzw. Minutenläufen durchgeführt.

II. Die folgende Schreitlauftechnik wird fast automatisch in Form eines intensiven Intervalltrainings durchgeführt, da bei richtiger Ausführung der Technik die Belastung unausweichlich im intensiven Bereich (80-90 %) liegt. Dementsprechend müssen die Lern- und Übungsphasen dieser Technik als intensive Trainingseinheiten im Trainingskonzept berücksichtigt werden. Neben dem Erlernen der Schreitlauftechnik können die Belastungsintervalle beim Schrittlauf kontinuierlich bis zu 5-8 Minuten (MZI = Mittelzeitintervalle) verlängert werden.

III. Der Kniehebelauf wird als koordinativ anspruchsvollste Technik am günstigsten zuletzt erlernt bzw. gelehrt. Diese Technik bzw. das Erlernen der Technik kann sehr gut in die Trainingsmethode des Fahrtspiels integriert werden. Die Übungsphasen des Kniehebelaufs stellen nämlich bei schneller Ausführung eine hauptsächlich den Kreislauf belastende Bewegungsform dar.

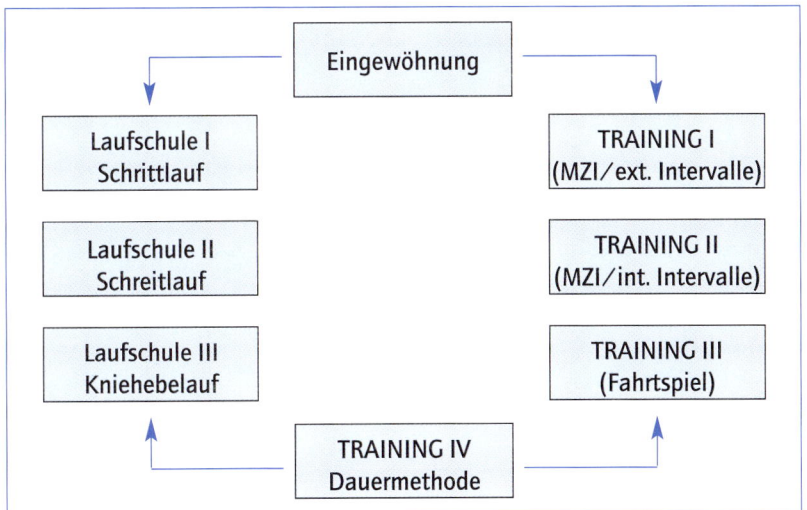

Abb. 12: *Aquajogging-Parallelmodell (APM)*

4.3.2   Der Mikrozyklus – Aufbau einer Trainingseinheit

Auch beim APM wird die konventionelle Gliederung einer Trainingseinheit (Auf-wärm-, Haupt- und Abwärmphase) zu Grunde gelegt. Allerdings werden im Hauptteil die Technikschulung und das Ausdauertraining parallel durchgeführt (vgl. Abb. 13). Darüber hinaus können die Auf- und Abwärmphasen zielgruppen-spezifisch zum Teil erheblich verändert werden.

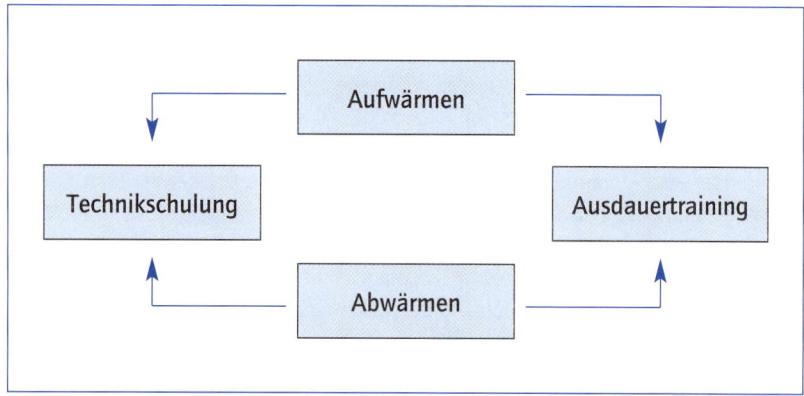

Abb. 13: Stundenverlauf einer Aquajogging-Trainingseinheit nach dem AP-Modell

Warming-up (Aufwärmphase)

- Es ist auch für den Anfänger möglich, sich in der beabsichtigten Bewegung (dem Aquajogging) aufzuwärmen.
- Die Inhalte können besonders abwechslungsreich gestaltet und auf die jewei-lige Zielgruppe zugeschnitten werden: z. B. Schwimmen ohne Aquajogger, Stretching, Wassergymnastik, Spiele mit geringer Intensität.
- Die Aufwärmphase kann extrem kurz gehalten werden.

Work-out (Hauptteil)
Im Hauptteil der Trainingseinheit werden die einzelnen Techniken bereits unter dem Gesichtspunkt des Trainings erlernt. Dies bedeutet, dass die Übungsphasen zeitlich durch vorher festgelegte Intervalle im Sinne eines Intervalltrainings struk-turiert und die Belastungsintensitäten bewusst kontrolliert werden. Korrekturan-weisungen zur Technik können sowohl während der Belastung vom Beckenrand oder vom Wasser aus als auch innerhalb der Belastungspause gegeben werden.

Cool down (Abwärmphase)

- Die Abwärmphase kann grundsätzlich aktiv (Spiele, Auslaufen) oder passiv (Stretching, Entspannung) durchgeführt werden.
- Als günstig hat sich eine Kombination beider Formen herausgestellt, wobei der aktive Teil vorausgestellt wird und sich die Abwärmphase u. U. verlängert.
- Besonders gut eignet sich die Abwärmphase zur physischen und psychischen Entspannung (Aquarelaxation).

4.4   Spiele

Spiele besitzen, insbesondere im Medium Wasser, für viele Menschen einen hohen Aufforderungscharakter und eignen sich für fast alle Zielgruppen. Leider bestehen häufig aber auch Vorbehalte und Abneigungen gegenüber Spielen und die Hemmschwelle zum Spielen ist nicht nur bei älteren Menschen manchmal sehr hoch. Da sich nach den Spielen aber fast alle Teilnehmer besser fühlen oder es ihnen sehr gut gefallen hat, lohnt es sich, Spiele auch gegen anfängliche Abneigungen der Kursteilnehmer anzubieten und durchzuführen. Allerdings sollte man dabei einige Regeln beachten, damit die Vorteile von Spielen auch zum Tragen kommen können.

Spiele können durch die Bildung von neuen Bekanntschaften oder Freundschaften soziale Funktionen übernehmen und/oder sich durch das Erleben von Freude, Stolz usw. emotional auswirken. Darüber hinaus besitzen sie auch bestimmte motorische Effekte, insbesondere auf die Koordinationsfähigkeit. Vom Kurs- oder Übungsleiter können Spiele somit gezielt eingesetzt werden, um ganz verschiedene Ziele zu verfolgen bzw. zu erreichen. Dass Spiele ganz bestimmte Funktionen übernehmen können, bedeutet aber nicht, dass die Spiele bei ihrer Durchführung diese bestimmten Ziele oder Zwecke auch konkret verfolgen müssen – ganz im Gegenteil. Zweckfreiheit und Freiwilligkeit sollten bei jedem Spiel im Vordergrund stehen! Egal, ob man als Kursleiter nun soziale, emotionale oder motorische Zwecke mit dem Spiel verfolgt – das Spiel sollte immer Spiel bleiben!

Spiel und Training
Nahezu alle Spiele stellen eine indirekte bzw. versteckte intervallartige Belastung dar. Auf Grund hoher Motivation bedingt durch den Wettkampfcharakter liegen beim Spiel oft höhere, manchmal sogar Maximalbelastungen, insbesondere in Bezug auf die Herz-Kreislauf-Belastung, vor. Bei allen älteren und über einen längeren Zeitraum inaktiven Personen ist deshalb bei der Durchführung bestimmter Spiele Vorsicht geboten. Spiele im Flachwasser, die schnelle Bewegungsaktionen beinhalten, können neben der Belastung des Herz-Kreislauf-Systems auch zu

erheblichen Belastungen des Muskelhalteapparats führen. Wiederholtes, plötzliches Abstoppen und Richtungsänderungen können Überlastungserscheinungen (Muskelkater, Gelenkschmerzen) zur Folge haben. Deshalb sind Spiele mit rein azyklischen Bewegungen, die meistens auch hohe Anforderungen an die Komponenten Kraft und Schnelligkeit stellen, für ältere und untrainierte Personen bzw. Personen mit Gelenkbeschwerden nur sehr bedingt geeignet.

Spiel und Leistung

Spielen ist oft ein Leistungsvergleich mit anderen. Solange dieser Leistungsvergleich auf einem spielerischen Niveau bleibt, ist das auch durchaus förderlich. Der Leistungsgedanke darf jedoch nicht so stark in den Vordergrund rücken, dass die Spielhandlung gänzlich in den Hintergrund tritt. Zu strikte Reglementierungen oder Aufgaben im Spiel fördern den Leistungsgedanken und erhöhen damit zusätzlich den Wettkampfcharakter, was der Spielidee eines *gemeinsamen* Spielens oftmals abträglich ist. Leistungsorientierung und Spiel vertragen sich nur bis zu einem bestimmten Niveau der Leistungsorientierung, nämlich solange das Miteinander höher als das Gegeneinander ist. Bei der Durchführung von Spielen sollte man daher darauf achten, dass das Regelwerk bzw. dessen Einhaltung dem eigentlichen Spielgedanken nicht abträglich ist. Oft kann schon eine nur leichte Modifikation der Regeln dazu führen, dass das Spiel besser „läuft".

Spiel und Technik

Für die Realisierung eines Spielgedankens oder einer Spielidee sind bestimmte Techniken entgegen der weit verbreiteten Meinung nur in sehr geringem Maße notwendig. Meistens kann man durch leichte Modifikationen von Techniken im Sinne von Erleichterungen sogar viel schneller zum „Spielen" gelangen. Eine zu starke Reglementierung durch bestimmte Techniken kann das Entstehen eines Spielgedankens in starkem Maße verhindern.

4.4.1   Aquajogging-Spiele

Aquajogging bietet sich aus mehreren Gründen hervorragend zur Durchführung von Spielen oder spielerischen Formen an:

- Jeder kann teilnehmen!
- Wasser fördert den Spieltrieb!
- Die Belastung des passiven Bewegungsapparats ist geringer als an Land!

Spiele können innerhalb des Aquajoggings als *spielerische Formen* innerhalb des Aquajoggings oder als *Aquajogging-Spiele* realisiert werden. Unter spielerischen

Formen sind dabei kleine Spielformen beim Aquajogging zu verstehen (vgl. Kap. 5.6.3). Aquajogging-Spiele dagegen sind große Spiele wie Basket- oder Volleyball, die auf das Aquajogging übertragen werden oder andere Spiele, die nur im Aquajogging durchgeführt werden können (vgl. Kap. 5.6.4).

4.4.2 Methodische Hinweise für den Kursleiter

- Teilnehmer an der Auswahl der Spiele und an ihrer Gestaltung mitwirken lassen.
- Regeln nicht als Gesetz betrachten, sondern als variable Mittel zum Zweck.
- Unter- und Überforderungen vermeiden.
- Paare oder Mannschaften zufällig bilden lassen (z. B.: Alle Teilnehmer, die an einem geraden Tag Geburtstag haben, bilden eine Mannschaft.).
- Durch Lob und gute Laune zum Spiel motivieren.
- Spiele mit längeren Pausen vermeiden.
- Spielgedanken immer im Vordergrund lassen.
- Zu häufige Korrekturen vermeiden!

4.5 Komplextraining im Gesundheitssport

Nachdem die Techniken des Aquajoggings beherrscht werden, bietet das Aquajogging die Möglichkeit eines umfassenden Gesundheitstrainings oder auch Komplextrainings. Unter **Komplextraining** ist ein Training zu verstehen, welches die verschiedenen physischen, psychischen und motivations- und sozialpsychologischen Aspekte allesamt beinhaltet. So wird in diesem Training nicht nur die allgemeine Ausdauerleistungsfähigkeit oder Kraftausdauerleistungsfähigkeit der Extremitätenmuskulatur, sondern auch das Koordinationsvermögen und die Entspannungsfähigkeit trainiert sowie Aspekte des psychischen Wohlbefindens und soziale Aspekte in den Trainingsprozess eingebunden. Ein solches Komplextraining mit Betonung der allgemeinen Ausdauer sollte im Freizeit- und Gesundheitssportbereich generell angestrebt werden. Theoretisch betrachtet, könnte man die Durchführung eines solchen Komplextrainings zunächst als nicht realistisch betrachten, da zu viele Aspekte berücksichtigt werden müssen. Es ist in der Tat so, dass sich natürlich nicht alle Sportarten gleichermaßen für ein solches Komplextraining eignen. Beim Laufen ist es z. B. schwierig, Entspannungsphasen einzubauen, beim Aerobic wird u. U. keine Dauerbelastung über 30 Minuten erreicht, beim Radfahren fehlt der koordinative Anteil, bei Spielsportarten der Kraftausdauerteil usw. Beim Aquajogging dagegen können alle genannten Aspekte tatsächlich berücksichtigt werden (BIRKNER, 1994, S. 120ff.).

Methodische Maßnahmen eines komplexen Trainings sind z. B.:

- Einsatz von Musik.
- Durchführung von Spielen und Staffeln.
- Gezielter Einsatz von Entspannungsphasen.
- Häufige Variation der verschiedenen Techniken.
- Abwechselnder Einsatz von Ausdauer- und Kraftausdauereinheiten.

4.6 Methodische Maßnahmen des Kursleiters

Bei der Lehre einer sportlichen Tätigkeit müssen einige allgemeine Prinzipien berücksichtigt sowie weitere spezifische Einzelmaßnahmen durchgeführt werden. Diese werden im Folgenden kurz mit spezifischem Anwendungsbezug auf das Aquajogging dargestellt (vgl. BIRKNER, 1994, S. 100ff.):

Vom Bekannten zum Unbekannten
Die Anwendung dieses Prinzips ergibt sich beim Aquajogging fast zwangsläufig, da zunächst nur die bekannte Laufbewegung an Land im Wasser nachgeahmt werden muss. Praktisch ist es jedoch so, dass die Vorkenntnis des Laufens an Land meistens nur eine sehr „dürftige" Ausgangsbasis für das Aquajogging bedeutet. Für das Lernen des Laufens im Wasser bietet sich als bekannte Bewegung für viele Menschen auch die Bewegung des Kraulbeinschlags an. Diese Bewegung kann insbesondere dann von Vorteil sein, wenn z. B. die individuelle Laufbewegung des Teilnehmers so stark von der idealen Laufbewegung im Wasser abweicht, dass sie für das Aquajogging eher hinderlich ist.

Vom Wesentlichen zum Unwesentlichen
Die wesentliche Bewegung beim Aquajogging ist sicher die Beinbewegung. Es wäre daher wenig angebracht, zunächst die Armbewegung zu lehren. Weniger wichtig ist zunächst auch die Koordination von Arm- und Beinbewegung, da Aquajogging selbst mit einer schlecht koordinierten und schwachen Armbewegung noch einigermaßen sinnvoll durchgeführt werden kann, solange die Beinbewegung stimmt.

Einsatz audiovisueller Hilfsmittel und weiterer Lehrmittel
Audiovisuelle Hilfsmittel wie Bilder oder Videofilme können den Lernfortschritt beim Aquajogging nachhaltig unterstützen, wenn sie speziell dafür entworfen sind. Eine bloße optische Darstellung der Bewegung ist keine Gewähr für eine richtige Bewegungsvorstellung oder ein richtiges Durchführen der Bewegung im Wasser. Wichtiger als eine Darstellung der Idealbewegung ist das Vermitteln einer

Bewegungsvorstellung mittels eines Bildes. Dies kann sehr gut mittels aufbereiteter Bilder, wie z. B. in Kap. 4.1.2, geschehen.

Kenntnisvermittlung

Das Vermitteln von Kenntnissen kann das sportmotorische Lernen unterstützen. In Bezug auf das Aquajogging könnte die Kenntnis der Auftriebs- und Widerstandskräfte des Wassers z. B. die Einsicht in den bewussten Unterschenkelschwung erhöhen. Die Erklärung der speziellen Wirkungsweise der Aquajogging-Auftriebsgeräte sowie deren Auswirkung auf die Bewegung mit dem Gerät (Auftrieb nahe dem Körperschwerpunkt und damit große Bewegungsfreiheit, aber auch große Instabilität) kann den motorischen Lernprozess ebenfalls unterstützen.

Wesentliche Merkmale herausstellen

Als wesentliche Merkmale aller Laufbewegungen im Wasser lassen sich die jeweils aktiven Bewegungen der Arme und des Unterschenkels benennen. Ohne den expliziten Hinweis darauf wird die Bewegung oft nur mit einem schwachen Armeinsatz und geringer Unterschenkelbewegung durchgeführt. Als wesentlichste Merkmale der einzelnen Laufstile können gelten: Für

- den Schrittlauf: der Unterschenkelschwung.
- den Schreitlauf: das weite „Nachvornestrecken" des Fußes.
- den Kniehebelauf: der Kniehub.
- den Robo-Jogg: die durchgestreckten Beine.

Beim Erlernen der verschiedenen Lauftechniken ist hauptsächlich auf diese wesentlichen Merkmale der Bewegung hinzuweisen bzw. sind diese zu erklären.

Aufgabenvariation

Darunter ist nicht nur ein Abwechseln des Übens der verschiedenen Grundlauftechniken zu verstehen, sondern auch das „Einstreuen" von anderen Bewegungsformen. Beispiele dafür sind:

- Kraulbeinschlag in der Rückenlage.
- Laufen mit herabhängenden/verschränkten Armen.
- Abruptes Wechseln der Lauftechnik.
- Laufen mit verstärktem Armeinsatz.
- Laufen mit Bodenkontakt.
- Laufen mit Zusatzgeräten.
- Laufen in verschiedenen Körpervorlagen.
- Laufen in Gruppen.

Selbstständiges Üben

Selbstständiges Üben bedeutet, dass man den Lernenden häufig Zeit gibt, sich selbstständig mit der Bewegung auseinander zu setzen und sie dabei nicht korri giert. Dies soll die Bewegungswahrnehmung verbessern und ein Feingefühl für die optimale Bewegung entwickeln (LOIBL, 1990; THOLEY, 1987). Beides ist für spätere Korrekturhinweise über den Wahrnehmungsbereich zum Erlernen der optimalen Bewegung von großer Wichtigkeit. Methodisch passt dies sehr gut mit dem Prinzip des AP-Modells zusammen, insofern die Teilnehmer während der Belastungsphasen nicht korrigiert werden, sondern bereits eine Trainingsphase absolvieren.

Bewegungskorrekturen

Bewegungskorrekturen sollten nur sparsam, dafür aber gezielt verwendet werden und sich auf den zentralen Fehler beziehen und nicht mit anderen Korrekturen verbunden werden. Sie sollten einfach, kurz und positiv formuliert sein und eher prospektiven als retrospektiven Charakter besitzen. Außerdem sollten Korrekturen wie auch allgemeine Instruktionen eine unmittelbar wirkende Bewegungsvorstellung beim Lernenden aktivieren. Die Korrekturen sollten nicht unmittelbar nach jedem Versuch gegeben werden. Der Kursleiter sollte vielmehr den Lernenden einige Zeit selbst überlegen lassen und erst nach mehrmaligem Üben Korrekturhinweise geben (vgl. SCHMIDT & BJORK, 1992).

Wechsel der Sozialform

Der Übungsleiter sollte versuchen, die Sozialform, d. h. Einzel-, Partner- und Gruppentätigkeit, häufig zu wechseln, damit die sozialen Vorteile des Aquajoggings voll zum Tragen kommen. Allerdings ist dazu ein gewisses Fingerspitzengefühl des Kursleiters notwendig.

Standort des Kursleiters

Um zu verhindern, dass eine zu große soziale Distanz zu den Teilnehmern entsteht, sollte der Kursleiter die Gruppe nicht nur vom Beckenrand beobachten, Techniken demonstrieren, Fehler ansprechen und Anweisungen geben, sondern auch häufiger mitten innerhalb der Gruppe selbst den Kurs anleiten. Die Kontrolle über die Technik kann dabei auch innerhalb des Wassers sogar noch besser als vom Beckenrand geschehen, wenn der Kursleiter mit einer Schwimm- oder Taucherbrille die Technikausführung unter Wasser kontrolliert.

4.7 Organisatorische Hinweise

Bei der Durchführung von Aquajogging-Kursen müssen in besonderem Maße organisatorische Bedingungen berücksichtigt werden, die im Folgenden dargestellt werden. Auch ein regelmäßiges Kurstreffen im Anschluss an das Training sollte nicht fehlen. Es ermöglicht den Kursteilnehmern, sich auch außerhalb des Trainings näher kennen zu lernen. Für viele ist das Anschlussmotiv ein nicht zu unterschätzender Grund, regelmäßig zu trainieren.

Das Schwimmbad

Das Schwimmbad ist neben den Auftriebsgeräten das wichtigste organisatorische Mittel beim Aquajogging. Aquajogging kann sowohl in einem Hallen- als auch einem Freibad durchgeführt werden. Optimal wäre das Vorhandensein zweier Becken:

- Eines Flachwasserbeckens mit einer Tiefe zwischen 1,20 m und 1,40 m und eines Tiefwasserbeckens mit einer Tiefe von mindestens 1,80 m. Das Flachwasserbecken wird dabei zur Auf- und Abwärmphase sowie zu Entspannungsphasen, Spielen und Gymnastik genutzt. Die Wassertemperatur in diesem Becken sollte mit ca. 29-30° C etwas höher sein als im
- Tiefwasserbecken, in dem die Temperatur bei 26-27° C liegen sollte. Im Tiefwasserbecken werden die belastungsintensiven Trainingsphasen durchgeführt.

Meistens wird nur ein Becken mit einem Nichtschwimmer- und einem Schwimmerbereich vorhanden sein. Dann ist besonders darauf zu achten, dass die Teilnehmer bei den langsameren Bewegungen im Nichtschwimmerbereich nicht beginnen, auszukühlen. Damit genügend Platz für ein ungestörtes Laufen der Teilnehmer vorhanden ist, sollte das Becken mindestens 20 x 10 m groß sein.

Die Gruppen

Die Gruppengröße bei Aquajogging-Kursen sollte bei 8-12 Teilnehmern liegen, um auch größere Spiele durchführen zu können. Die Zusammensetzung der Gruppen kann auf Grund der Leistungsnivellierung beim Aquajogging sehr heterogen sein, d. h., man kann den 20-jährigen übergewichtigen Mann mit der 50-jährigen Läuferin zusammen in einer Gruppe trainieren lassen. Lediglich bei speziellen Sportgruppen, wie z. B. Koronarpatienten, ist eine homogene Gruppenzusammensetzung wünschenswert.

4.8   Medien

Im Sinne eines umfangreichen Medienbegriffs werden im Folgenden nicht nur technische Hilfsmittel, wie z. B. Videorekorder, sondern auch Sportgeräte, wie Bälle und Schwimmbretter oder auch Personen wie der Lehrende oder andere Kursteilnehmer, die eine Lauftechnik demonstrieren, als Medium verstanden. Medien sollten nicht nur als Hilfsmittel betrachtet werden. Ihr gezielter und passender

Einsatz kann die Qualität eines Trainings oder Kurses ganz entscheidend verbessern. Als Medien eignen sich nicht nur die bekannten Mittel wie Bilder, Kassettenrekorder o. Ä., sondern gerade hier kann der Kursleiter seine Kreativität walten lassen, da sich die verschiedensten Dinge als Medien zur Verbesserung des Lernprozesses oder zur Attraktivitätssteigerung verwenden lassen.

Geräte

Neben dem Aquajogger und den aufgeführten Zusatzgeräten (Kap. 3.2) existiert eine Vielzahl an Geräten, die sinnvoll bei der Durchführung von Aquajogging-Trainingsstunden eingesetzt werden können. Zum einen eignen sie sich zum Spielen, zum anderen als Hilfsmittel zum Erlernen der Technik oder als Trainingshilfe. Als sinnvoll haben sich u. a. die folgenden Geräte erwiesen:

- Schwimmbretter
- Ringe
- Gymnastikstäbe
- Wasserbälle
- Zauberschnur
- Luftballons
- Tischtennisbälle
- Wasserbasketball-
  körbe

Lehrmittel

Die Funktion bestimmter Lehrmittel besteht in erster Linie darin, den Sollwert einer bestimmten Bewegungsform zu vermitteln. Eine zweite Aufgabe liegt in der Feststellung des Istwerts, d. h., sie können zur Rückmeldung über den individuellen Lernzustand eingesetzt werden. Schließlich können sie auch motivierend wirken.

Beim Aquajogging werden Lehrmittel vor allem zur Vermittlung des Sollwerts eingesetzt, d. h., man versucht, den Teilnehmern durch Medien eine Bewegungsvorstellung der zu erlernenden Lauftechnik zu geben. Als besonders erfolgreich hat sich hier eine Kombination personen- und nicht personengebundener Lehrmittel herausgestellt. So kann z. B. bei der Einführung einer neuen Lauftechnik den Lernenden ein Schaubild (möglichst DIN A3-Format) gezeigt werden. Die Teilnehmer lassen das Bild kurz auf sich wirken. Im Anschluss daran gibt der Kursleiter dazu entsprechende Instruktionen, die aber nicht eine weitere Beschreibung des äußeren Bewegungsablaufs sein sollen, sondern klar machen sollen, was der Lernende konkret zu tun hat. Die Bewegung muss aus der Sicht des Lernenden, also des „Nochnichtwissenden", so veranschaulicht werden, dass sich daraus konkrete Handlungsanweisungen ergeben (so genannte „operative Veranschaulichungen", vgl. LEIST, 1993, S. 295). Dazu kann man z. B. Analogien aus dem alltäglichen Leben („... so, als wenn du einen Ball wegschießt") ziehen oder konkrete Hinweise auf das Erleben oder Wahrnehmen geben („... man muss seine Fußspitzen sehen können" oder: „... man muss einen Druck auf dem Schienbein spüren"). Die Kombination von optischer Darstellung und verbaler Instruktion in Form von operativen Veranschaulichungen ist sehr gut geeignet, Bewegungsvorstellungen zu erzeugen.

Die Anweisungen und die bildlichen Darstellungen sollten dabei so gestaltet sein, dass für die wesentlichen Merkmale der Bewegung eine Vorstellung geschaffen wird, wie in Kap. 4.1.2 dargestellt.

Die bekannte Lehrerdemonstration kann auch beim Aquajogging angewandt werden. Dabei kann der Lehrende Teilbewegungen, wie den richtigen Armeinsatz außerhalb des Wassers, demonstrieren, oder er zeigt der Gruppe die Gesamtbewegung einer Lauftechnik im Wasser, während ihn die Gruppe vom Beckenrand aus beobachtet. Auch Teilnehmer aus der Gruppe, welche die Technik bereits beherrschen, können die Technik demonstrieren. Das Vormachen der verschiedenen Techniken im Wasser besitzt allerdings den Nachteil, dass die Bewegungen vom Beckenrand nur in ihrer Grobform beobachtet werden können.

Typische Fehlerbilder lassen sich sowohl durch Bilder als auch durch Personen darstellen. Fehler sollten dabei durch den Lehrenden selbst demonstriert und erläutert werden, um nicht etwa einzelne Teilnehmer vor der Gruppe bloßzustellen.

Als besonders aufschlussreich und wenig aufwändig hat sich die Unterwasserbeobachtung durch den Lehrenden bewährt. Dazu beobachtet der Übungsleiter – ausgestattet mit einer Chlor- oder Taucherbrille – die einzelnen Teilnehmer unter Wasser und gibt ihnen entsprechende Rückmeldung. Wichtige Bewegungskriterien, wie der Unterschenkelschwung nach vorne beim Schrittlauf oder die aktive Streckung des Beins nach hinten unten beim Kniehebelauf lassen sich unter Wasser weitaus besser erkennen.

Musik

Zur rhythmischen Unterstützung bei Intervalltrainingseinheiten mit verschiedenen Intensitäten bzw. Bewegungsgeschwindigkeiten, bei längeren Dauerläufen und insbesondere bei Fahrtspielen sowie während Entspannungsphasen kann Musik eingesetzt werden. Der Einsatz von Musik kann sich dabei nicht nur auf das Wohlbefinden auswirken, sondern er kann auch motivieren oder die Durchführung bestimmter Bewegungen unterstützen oder anleiten. Insbesondere schnellere Bewegungen wie Sprints o. Ä., aber auch die Entspannungsphasen lassen sich besonders gut durch Musik initiieren bzw. unterstützen. Im gleichen Sinne, wie die Musik das Durchführen einer Bewegung unterstützen kann, kann der Musikrhythmus auch eine koordinative Belastung im Sinne der Zuordnung von Musik zu Bewegungstempi darstellen (vgl. ECKEY & FROBÖSE, 1994, S. 7). Bei der Auswahl von Musik für ein Aquajogging-Training ist der Einfluss des Mediums Wasser unbedingt zu beachten. Bewegungen im Wasser können nicht so schnell wie an Land durchgeführt werden, sodass die Rhythmusgeschwindigkeit im Wasser deutlich verringert werden muss und Landübungen nicht einfach ins Wasser übertragen werden können!

5 PRAKTISCHE DURCHFÜHRUNG

In diesem Kapitel werden einerseits einzelne Phasen einer Aquajogging-Trainingsstunde (Warming-up, Cool down) beschrieben und andererseits detaillierte Bewegungsübungen zu einzelnen konditionellen Hauptbeanspruchungsformen (Ausdauer, Kraft, Koordination, Beweglichkeit) gegeben. Zusätzlich werden in einem weiteren Kapitel geeignete Spiele, die teilweise in allen Stundenteilen eingesetzt werden können, beschrieben. Die Ausführungen beziehen sich dabei zwar sprachlich meistens auf die Durchführung von Kursen, es können aber fast alle Informationen, die dort gegeben werden, auch für die private Durchführung genutzt werden.

5.1 Allgemeine Hinweise

Die Berücksichtigung einiger Regeln zur Durchführung des Aquajoggings, egal, ob allein, zu zweit oder im Gruppenrahmen, können nicht nur die Effektivität des Trainings erhöhen, sondern auch zu einem größeren Maß an Spaß und Freude am Aquajogging führen. Einige der Regeln ergeben sich fast zwangsläufig aus vorangegangenen Informationen.

- Aus chronobiologischen Gründen sollte ein Ausdauertraining am besten am späten Nachmittag oder frühen Abend, also zwischen 17.00 und 19.00 Uhr, stattfinden (vgl. OSCHÜTZ, 1991). Ein Kräftigungstraining hingegen kann auch in den späten Vormittagsstunden durchgeführt werden.
- Generell sollte man zwei Stunden vor intensiveren oder längeren Belastungen im Wasser keine größeren Mahlzeiten mehr einnehmen.
- Die Trainingsdauer sollte auch bei Trainierten nicht mehr als 60 Minuten betragen.
- Es ist auf einen genügenden Flüssigkeitsersatz zu achten, falls ein erhöhter Harndrang festzustellen war.
- Die Wassertemperatur sollte zwischen 26-28° C betragen.
- Eine wasserdichte Uhr erleichtert die Durchführung von Intervalltrainingseinheiten.
- Sobald man zu frieren beginnt, sollte man das Wasser verlassen.
- Mit einer offenen Verletzung oder einer Erkältung darf kein Aquajogging betrieben werden!

5.2   Warming-up

Am Anfang einer Aquajogging-Trainingseinheit steht eine Aufwärmphase. Die Inhalte sollten abwechslungsreich gestaltet und auf die jeweilige Zielgruppe zugeschnitten sein. Wassergymnastik, Stretching, Schwimmen ohne Aquajogger, Spiele
mit geringer Intensität und lockeres Einlaufen im Flachwasser ohne oder im Tiefwasser mit Aquajogger sind mögliche Inhalte. Dabei kann die Aufwärmphase
gegenüber dem Jogging an Land deutlich verkürzt werden.

Durch Aufwärmen wird u. a. die Muskulatur auf „Betriebstemperatur" gebracht, der Stoffwechsel angeregt, die Körpertemperatur erhöht und das Herz-
Kreislauf- und Atemsystem aktiviert. Der gesamte Körper wird dadurch auf die be-
vorstehende Belastung vorbereitet.

Neben den physischen Auswirkungen hat die Aufwärmphase einer Aquajogging-
Stunde aber auch nachhaltige Wirkung auf den *psychischen* und *sozialen* Bereich.
Durch ein gezieltes Aufwärmen erhöht sich nicht nur die physische Leistungsfähigkeit, sondern auch die psychische Leistungsbereitschaft. Ein gutes Aufwärmen macht geistig wach und motiviert für die folgende Belastung. Dies ist besonders dann wichtig, wenn der Hauptteil der Übungsstunde/Trainingseinheit (z. B.
ein 20-minütiger Dauerlauf) weniger motivierend erscheint. In einer Aufwärmphase können sich die Teilnehmer aber auch immer wieder von neuem an
die besonderen Eigenschaften des Mediums Wasser gewöhnen und sie lernen
durch Kleine Spiele die anderen Teilnehmer besser kennen. Dadurch wird man
auch mit seinen Trainingspartnern „warm". Insbesondere im Freizeit- und Breitensport sollte die Aufwärmphase nie vergessen werden oder zu kurz gehalten werden.

Auch ein kurzes Aufwärmen außerhalb des Wassers am Beckenrand ist möglich und erscheint besonders dann sinnvoll, wenn das Wasser relativ kühl (unter
26° C, z. B. beim Sea-Jogging) ist.

Im Folgenden wird nun auf das Stretching, die Aufwärmgymnastik und das
Einlaufen eingegangen.

5.2.1   Stretching

Die spezifischen Funktionen des Stretchings (Kap. 4.2.4) im Rahmen eines Aufwärmens liegen darin, Verletzungen wie Zerrungen oder auch Muskelkater vorzubeugen und sich körperlich und geistig optimal auf das kommende Training vorzube-
reiten. Aufwärmen verringert aber nicht nur die Verletzungsgefahr, sondern es führt
auch dazu, dass man den folgenden Sport flüssiger, harmonischer und mit einer
höheren Belastung beginnen kann. Aus diesem Grund ist ein Stretching, auch
wenn kaum Verletzungsgefahr besteht, auch beim Aquajogging sehr sinnvoll.

Die beim Aquajogging hauptsächlich beanspruchten Muskelgruppen sind die großen Muskelgruppen der unteren Extremitäten und in deutlich geringerem Maße die Schulter- und Brustmuskulatur. Im Einzelnen können die folgenden Muskeln/Muskelgruppen vor einem Aquajogging-Training gedehnt werden:

- Vordere Oberschenkelmuskulatur (M. quadriceps femoris).
- Hüftbeugemuskulatur (M. iliopsoas).
- Hintere Oberschenkelmuskulatur (M. biceps femoris).
- Gesäßmuskulatur (M. glutaeus maximus).
- Wadenmuskulatur (M. gastrocnemius, M. soleus).
- Schultermuskulatur (M. deltoideus).
- Brustmuskulatur (M. pectoralis major).

Vorsicht!
Zur Durchführung von orthopädisch unbedenklichen Stretching-Übungen oder eines kompletten Stretching-Programms bedarf es eingehender Kenntnisse auf diesem Gebiet, die im Rahmen dieses Buches nicht vermittelt werden können. Hier sei nachdrücklich auf die entsprechende Fachliteratur hingewiesen (z. B. KNEBEL, 1993; LENHART & SEIBERT, 1991; STERNAD, 1996). Deshalb verstehen sich die folgenden Stretching-Übungen auch nur als ein kurzer Anhaltspunkt für ein „Dehnungsminimalprogramm" vor einem Aquajogging-Training. Im Rahmen eines Aufwärmens sollte hauptsächlich mittels der Dehnung-Anspannung-Entspannung-Dehnungs-Methode gestretcht werden (s. Kap. 4.2.4).

Vordere Oberschenkelmuskulatur und Hüftbeugemuskulatur
Man stellt sich entspannt, aber mit gutem Halt, aufrecht auf einem Bein stehend vor eine Wand o. Ä. Dann wird der freie Fuß am Knöchel umfasst und das Bein weit nach hinten gebeugt, möglichst bis die Ferse das Gesäß berührt. Dabei ist eine Hohlkreuzhaltung unbedingt zu vermeiden. Es ist vielmehr auf eine gerade Stellung des Beckens zu achten, indem das Becken nach vorne gedrückt wird.

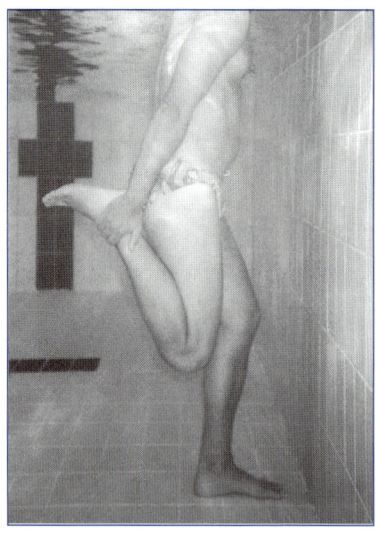

Foto 9: Stretching der vorderen Oberschenkelmuskulatur und der Hüftbeugemuskulatur

Hintere Oberschenkelmuskulatur

Diese Muskulatur kann funktional am besten im Liegen gedehnt werden. Da es aber im Schwimmbad nicht überall möglich ist, sich ungestört auf den Boden zu legen, wird hier eine andere Übung empfohlen: Man stellt die Ferse bei leicht gebeugtem Bein auf eine nicht zu hohe Sitzfläche o. Ä. Die Hände werden hinter dem Oberkörper verschränkt und der Rücken gerade gehalten. Nun lässt man den Oberkörper über das gestreckte Bein langsam nach vorne absinken. Der Rücken sollte dabei möglichst immer gerade gehalten werden, das Becken muss die Vorwärtsbewegung des Oberkörpers mitmachen.

Foto 10: Stretching der hinteren Oberschenkelmuskulatur

Äußere Wadenmuskulatur

Die Ausgangsposition ist eine weite Schrittstellung ca. eine Armlänge frontal zu einer Wand. Die Fußspitzen zeigen parallel nach vorne. Das Becken wird nun so weit nach vorne gedrückt, bis ein Spannungsgefühl im oberen Bereich der Wade spürbar wird. Die Arme stützen den Körper an der Wand ab und die Ferse des hinteren gestreckten Beins wird fest auf den Boden gedrückt.

Foto 11: Stretching der äußeren Wadenmuskulatur

Innere Wadenmuskulatur

Ausgehend von der vorherigen Dehnung wird das Knie des hinteren Beins
sowie die Hüfte gebeugt, sodass ein
Dehnungsgefühl im unteren Bereich
der Wade spürbar wird.

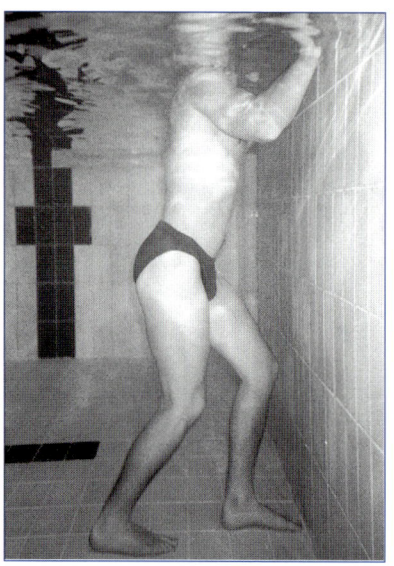

Foto 12: *Stretching der inneren Wadenmuskulatur*

Brustmuskulatur

Man stellt sich neben eine Wand und
lehnt den im Ellbogen gebeugten Arm
daran an. Dann wird der Kopf und der
Oberkörper von der Wand weggedreht,
während der Ellbogen an der Wand
gelassen wird. Dabei wird auch die
Schulter etwas nach vorne gebracht.

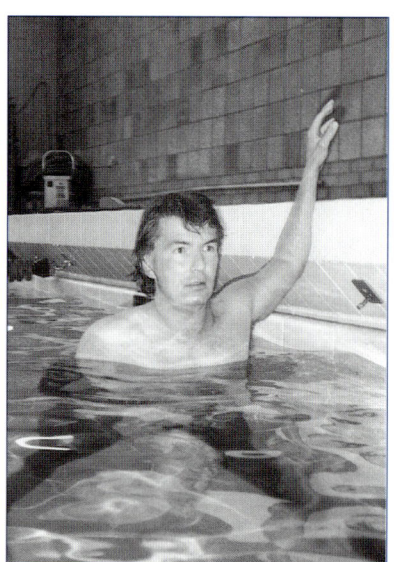

Foto 13: *Stretching der Brustmuskulatur*

5.2.2 Aufwärmgymnastik

Aufwärmgymnastik kann prinzipiell sowohl mit Gerät (z. B. Ball, Gymnastikstab) als auch ohne, sowie alleine als auch mit einem Partner oder der Gruppe durchgeführt werden. Gymnastische Aufwärmübungen sollten von Kräftigungs- und Dehnungsübungen abgegrenzt werden. Dies ist im Wasser oft nicht ganz einfach, da Übungen gegen den Wasserwiderstand nahezu immer auch kräftigend sind. Die Herz-Kreislauf-Belastung während der Aufwärmgymnastik ist relativ gering. Aus diesem Grund sollten die Übungen nicht zu lange und nicht in kaltem Wasser (unter 26° C) durchgeführt werden. Die im Folgenden dargestellte Übungsauswahl kann zum großen Teil im Flach- und im Tiefwasser durchgeführt werden.

Tab. 11: Aufwärmgymnastik

Übung	Beschreibung
Übungen alleine	Im Stand mit leicht gebeugten Knien kreisende Übungen: Kopf (nur vorne herum), Schultern, Handgelenke. Auf einem Bein stehen, das andere Bein leicht anziehen: Fußkreisen; mit der Fußspitze Zahlen, Buchstaben bzw. Namen verschiedener Teilnehmer malen. Fester Stand mit leicht gebeugten Knien im brusttiefen Wasser: Arme zusammen aus der seitlichen Position nach vorne führen und wieder zurück; Handinnenflächen zeigen immer in Bewegungsrichtung; Geschwindigkeit variieren. Fester Stand mit leicht gebeugten Knien im brusttiefen Wasser: Arme schwingen gegengleich vor und zurück. Auch hierbei sollten die Innenflächen in Bewegungsrichtung zeigen. Der Körper schwingt leicht mit.
Übungen mit dem Ball	Den Ball um den Körper kreisen. – „Achterkreisen" durch die Beine. Den Ball gegen den Wasserwiderstand unter Wasser drücken, hochschnellen lassen und wieder auffangen.
Übungen am Beckenrand	In Rückenlage mit beiden Händen am Beckenrand festhalten und „Fahrrad fahren". Im Stand seitlich zum Beckenrand ein Bein locker vorschwingen (Hohlkreuzhaltung vermeiden). Im Stand seitlich zum Beckenrand ein Bein zur Seite hochschwingen (Betonung der Bewegung liegt entweder auf dem Hoch- oder dem Zurückschwingen).
Übung in der Gruppe	Die Teilnehmer bilden einen Innenstirnkreis und fassen sich an der Hand. Ein Reifen wird zwischen zwei Teilnehmer gehängt. Ohne die Hände loszulassen, soll der Reifen von einem zum anderen wandern. Gleiche Übung mit einem zweiten Reifen.

5.2.3 Einlaufen

Unter Einlaufen wird das lockere, relativ langsame, 3-5-minütige Aquajoggen am Anfang eines Trainings oder einer Kurseinheit verstanden. Neben den allgemeinen Funktionen des Aufwärmens dient das Einlaufen dazu, sich an die spezifischen Bedingungen im Wasser zu gewöhnen und die einzelnen Teilbewegungen zu koordinieren. Anfänger, aber auch Fortgeschrittene nach längerer Pause benötigen immer wieder einige Minuten, um in den richtigen Laufrhythmus zu kommen. Das Einlaufen darf bei keinem Aquajogging-Training fehlen. Insbesondere vor Intervalltrainingseinheiten oder intensiven Spielen ist ein Einlaufen erforderlich.

5.3 Ausdauertraining

Die Trainingsinhalte des Aquajoggings als Ausdauertraining sind vielfältiger Art. Im Prinzip können alle Methoden des Ausdauertrainings (vgl. Kap. 4.2.1) und des Laufens auf das Aquajogging übertragen werden, allerdings mit entsprechenden Modifikationen.

Foto 14: Aquajogging-Gruppe beim Ausdauertraining

5.3.1 Dauermethode

Die Herz-Kreislauf-Belastung bei der Dauermethode kann beim Aquajogging generell etwas höher sein als beim Laufen an Land. Dies bedeutet, dass sie zwischen 70 und 85 % der maximalen Leistung liegen kann. Bei der Dauermethode sollte darauf geachtet werden, dass die Belastung während der gesamten Trainingszeit möglichst gleich bleibt. Auch bei der Dauermethode sollte die Intensität in einem längeren Trainingsverlauf von Trainingsstunde zu Trainingsstunde variiert werden, damit keine einseitige Belastung entsteht. Die Technik für die Dauermethode ist der Schrittlauf.

5.3.2 Intervallmethoden

Üblicherweise geschieht die Einteilung in Intervalle beim Laufen an Land anhand einer bestimmten Strecke. Beim Aquajogging sind die verschiedenen Intervalle nicht festgelegte Streckenlängen, sondern vorgegebene Zeiträume. Ein Intervall beträgt also nicht 500 m oder 1 km, sondern zwei oder fünf Minuten. Eine allgemeine Umrechnung von Landstrecken zu Wasserzeiten ist:

1 km Jogging an Land = 5-6 Minuten Aquajogging

Allerdings ist diese Umrechnung nur als ein sehr grober Orientierungswert zu verstehen, der es etwas erleichtern soll, Trainingsprogramme vom Land auf das Wasser zu übertragen. Natürlich kann man Intervalle auch im Wasser anhand einer bestimmten Streckenlänge, wie z. B. einer Bahnlänge im Schwimmbad, bestimmen. Die üblichen Pausen zwischen den Intervallbelastungen können und müssen stark verkürzt werden, sodass selbst bei intensiven Intervallen eine Pause von drei Minuten nicht überschritten werden sollte. Die Intervalllänge beträgt maximal 10 Minuten. Die Belastungsintensitäten können wie bei der Dauermethode gegenüber dem Landtraining etwas erhöht werden und betragen beim extensiven Intervalltraining zwischen 65 und 85 %, beim intensiven Intervalltraining kann die Belastung zwischen 85 und 100 % betragen.

Der Fantasie sind bezüglich der Intervallzusammensetzung eigentlich keine Grenzen gesetzt. Wichtig ist das häufige Wiederholen einer Belastung, jeweils unterbrochen durch eine „lohnende Pause". Die Lauftechnik für das extensive Intervalltraining ist hauptsächlich der Schrittlauf. Der Schreitlauf kann nur für kurze Intervalle eingesetzt werden.

Tab. 12: Beispiele für extensives Intervalltraining

Intervalle	Intervallpause	Serienpause	Belastung
5 x 5 min	1 min	–	70 %
6 x 3 min	30 s	–	85 %
3 x (3 x 4 min)	45 s	3 min	80 %
2 x (3 x 5 min)	1 min	3 min	80 %
4 x (3 x 2 min)	30 s	2 min	85 %
6 x 6 min	2 min	–	65 %

Beim intensiven Intervalltraining erhöhen sich die Belastung und die Pausenlänge, während sich die Belastungsdauer verringert. Die Belastung kann dabei sowohl über eine Steigerung der Bewegungsfrequenz im Schrittlauf als auch über den Wechsel zum Kniehebelauf geschehen. Der Schreitlauf ist zwar eine sehr „anstrengende" Lauftechnik, jedoch wirkt er in erster Linie muskelbelastend. Die Belastung des Herz-Kreislauf-Systems kann u. U. auch bei muskulärer Ermüdung niedriger sein als beim Schrittlauf mit höherer Bewegungsfrequenz! Hier einige Beispiele für intensive Trainingsintervalle:

Tab. 13: Beispiele für intensives Intervalltraining

Intervalle	Intervallpause	Serienpause	Belastung
5 x 1 min	2 min	–	85-90 %
5 x 45 s Schreitlauf	2 min	–	90 %
2 x (4 x 30 s)	2 min	4 min	95 %
6 x eine Bahn	2 min	–	90 %
5 x 30 s Kniehebelauf	2 min	–	100 %
3 (3 x 1 min Kniehebelauf)	3 min	5 min	95 %

5.3.3 Pyramidentraining

Eine besondere Art des Intervalltrainings stellt das Pyramidentraining dar. Dabei sind die Intervalle sowohl bezüglich der Länge als auch der Belastungsintensität nicht gleich bleibend, sondern sie werden bewusst variiert. Diese Art des Trainings spricht somit verschiedene Bereiche der Ausdauer an. Es ist abwechslungsreicher als ein reines Intervalltraining und bietet sich insbesondere auch für Sportanfänger an. Die Intervallbelastungen werden zunächst bis zu einer bestimmten Belastungshöhe oder -zeit relativ gleichmäßig gesteigert, um dann wieder gleichmäßig verringert zu werden. Dabei gilt der Grundsatz, je mehr die Belastung gesteigert wird, desto mehr wird die Belastungszeit verringert und je mehr die Belastung verringert wird, desto mehr wird die Zeit erhöht. Es können somit drei Arten von Pyramiden trainiert werden. Eine, bei der die Belastungsintensität pyramidenförmig verändert wird, eine, bei der die Belastungszeit entsprechend variiert wird und eine, bei der beide verändert werden.

Abb. 14: Pyramidentraining

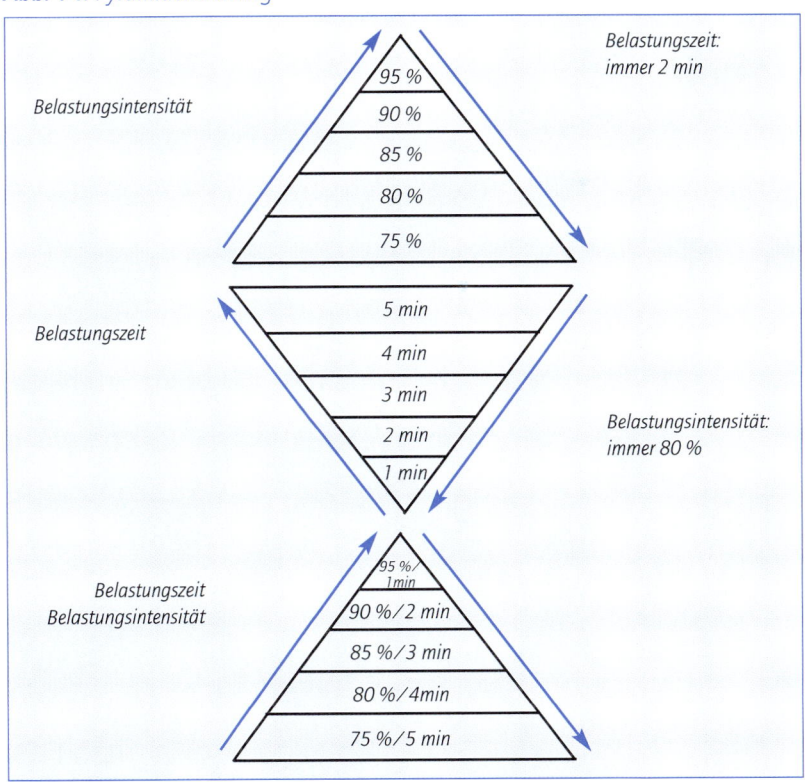

Auch die Pausen können beim Pyramidentraining gleichmäßig vergrößert bzw. verringert werden. Hier einige Beispiele:

Tab. 14: Beispiele für Pyramidentraining

Belastungszeiten (min)	Belastungsintensitäten (%)	Pausen (min)
2 – 4 – 6 – 8 – 6 – 4 – 2	85 – 80 – 75 – 70 – 75 – 80 – 85	1 – 1 – 1 – 2 – 1 – 1 –1
1 – 3 – 5 – 7 – 9 – 7 – 5 – 3 – 1	Immer 75	Immer 1 min
3 – 6 – 9 – 6 – 3	85 – 80 – 75 – 80 – 85	1 – 2 – 3 – 2 – 1
5 – 3 – 1 – 3 – 5	75 – 80 – 90 – 80 – 75	30 s – 1 – 2 – 1 – 30 s
2 – 2 – 2 – 2 – 2	70 – 80 – 90 – 80 – 70	1 – 2 – 3 – 2 – 1
6 – 4 – 2 – 1 – 2 – 4 – 6	70 – 80 – 90 – 100 – 90 – 80 – 70	30 s – 30 s – 1 – 2 – 1 – 30 s

5.3.4   Steigerungsläufe

Steigerungsläufe unterscheiden sich vom Pyramidentraining dadurch, dass *keine Pause* zwischen den Belastungssteigerungen liegt, sondern die Belastung kontinuierlich erhöht wird. Dementsprechend dauern Steigerungsläufe auch nur wenige Sekunden bis Minuten. Beim Aquajogging kann die Steigerung auf zwei verschiedene Arten geschehen:

• Eine Steigerung der Schrittfrequenz bis zu einem Maximum.

• Eine Änderung der Lauftechnik:
   a) Ausgehend vom Schrittlauf wird die Schrittfrequenz kontinuierlich gesteigert und langsam in den Kniehebelauf übergegangen.
   b) Vom Schrittlauf heraus wird die Schrittlänge kontinuierlich vergrößert und langsam in den Schreitlauf übergegangen.

Steigerungsläufe stellen keine eigene Trainingsform dar, sondern sind immer nur ein Teil des Trainings. Sie können auch zur Technikschulung eingesetzt werden (vgl. Kap. 4.1).

5.3.5 Fahrtspiel

Das Fahrtspiel bietet sich nachhaltig als „die" Trainingsform für das Aquajogging an, um einer Eintönigkeit vorzubeugen. Beim Fahrtspiel ist der Begriff des Spiels wörtlich zu nehmen, d. h., dass die Veränderung der Belastung nicht nach strengen, vorgegebenen Regeln erfolgt, sondern ganz spontan – gerade wie man Lust und Laune dazu hat. Man sollte mit der Fahrt, d. h. beim Aquajogging mit der Bewegungsfrequenz und auch mit den verschiedenen Techniken „spielen". Das Spielen kann sich dabei aber durchaus an anderen äußeren Gegebenheiten anlehnen.

So könnte man sich z. B. vornehmen, immer dann schneller zu laufen, einen Spurt einzulegen oder die Technik zu wechseln, wenn man einen bestimmten Schwimmer im Schwimmbad antrifft oder wenn man an einer bestimmten Stelle des Bades (Leiter, Sprungbrett, Treppe o. Ä.) vorbeikommt. Fahrtspiele lassen sich sehr gut im Rahmen von Kursen verwirklichen.

5.4 Übungen zur Kräftigung

Kräftigungsübungen im Wasser sind normalerweise ein Hauptbestandteil der Wassergymnastik. Dort können bestimmte Muskelgruppen durch bestimmte Übungen gezielt trainiert werden. Verfolgt man ausschließlich das Ziel der Muskelkräftigung, so sei an dieser Stelle auf die zahlreiche Wassergymnastik-Fachliteratur verwiesen (z. B. ZEITVOGEL, 1992; DARGATZ & KOCH, 1995; OTT & SCHMIDT, 1995; HUEY & FORSTER, 1997).

Aquajogging und die verschiedenen Auftriebsgeräte bieten aber hervorragende Möglichkeiten, auch während oder innerhalb eines ausdauerorientierten Aquajogging-Trainings, Kräftigungsübungen durchzuführen.

Aquajogging-Übungen zur Kräftigung der Bein- und Rumpfmuskulatur sind in der folgenden Tabelle dargestellt:

Tab. 15: *Aquajogging-Übungen zur Kräftigung*

Übung	Beschreibung	Abbildung
Schreitlauf	• Mit jeweils abwechselnder Betonung der Vor- und Rückbewegung der Beine. • Intensives Intervalltraining im Schreitlauf. • Becken mit möglichst wenigen Schritten durchqueren.	
Kniehebelauf	• Kniehebelauf mit betont hohem Kniehub.	
Skilanglauf	• Nachvollziehen des Skilanglauf-Diagonalschritts, d. h., weiter Armschwung und Schritt nach vorne und hinten.	
Zieleinlauf	• Laufen mit aus dem Wasser gestreckten Armen.	
Fessellauf	• Laufen mit hinter dem Rücken verschränkten Armen. *Variation:* Zunächst können die Arme auch nur locker hängen gelassen werden.	
Kraulen	• In der Rückenlage die Beine auf- und abschlagen (Kraulbeinschlag).	
Streck dich!	• Wiederholtes „Weit-aus-dem-Wasser-strecken" mit dem ganzen Körper während des normalen Laufens.	
Robo-Jogg		
Aquarunners-Lauf	• Laufen mit Aquarunners und/oder Hanteln.	

Spezielle Kräftigungsübungen für die Bein-, Bauch-, Oberkörper-/Schulter- und Oberarmmuskulatur mittels verschiedener Auftriebsgeräte sind z. B.:

Tab. 16: Kräftigungsübungen mit Aquajogging-Auftriebsgeräten

Übung	Beschreibung	Abbildung
Diamant	• Die Fußsohlen/Fersen aneinander legen und in Richtung Gesäß bewegen.	
Anhocken	• Hanteln o. Ä. seitlich halten; Knie in Richtung Brust anhocken und wieder nach hinten unten wegstrecken.	
Kosakentanz	• In sitzender Position abwechselnd das linke/rechte Bein nach vorne wegstrecken. *Variation:* Arme nach außen wegstrecken und wieder anbeugen.	
Hampelmann	• Gestreckte Arme und Beine vom Körper wegspreizen und wieder zurückführen.	
Klettern	• Aus einer schrägen Wasserlage heraus (keine Schwimmlage!!) mit den Armen durch das Wasser ziehen, die Beine unterstützen die Bewegung durch eine Abstoßbewegung nach hinten.	
Crunch	• Aus einer sitzenden Rückenlage heraus Knie und Brust zueinander bewegen, wobei die hauptsächliche Bewegung aus dem Oberkörper kommen sollte.	

5.5 Übungen zur Koordination und Beweglichkeit

Bereits die verschiedenen Aquajogging-Techniken können als Koordinationsübungen verstanden werden. Davon beansprucht der Kniehebelauf die koordinativen Fähigkeiten am meisten, da hier die Arm- gegenüber der Beingeschwindigkeit besonders groß ist. Folgende Übungen dienen der Koordinationsschulung:

Tab. 17: Aquajogging-Übungen zur Koordination

Übung	Beschreibung
„Blindlauf"	Laufen mit verbundenen oder geschlossenen Augen.
„Passgang"	Laufen im Schrittlauf und die Arme dabei *nicht* gegengleich, sondern gleich bewegen, d. h., der rechte Arm schwingt vor, wenn das rechte Bein nach vorne bewegt wird.
„Kurvenlaufen"	Häufige Kurven in verschiedenen Techniken laufen.
„Laufen ohne Auftriebsmittel"	Nachvollziehen der Laufbewegung ohne Auftriebsmittel im Tiefwasser.
„Laufen mit Zusatzgeräten"	Laufen mit zusätzlichen Auftriebs- oder Widerstandsgeräten an den Füßen und/oder Händen.
„Kniehebesprint"	Kniehebeläufe so schnell wie möglich durchführen.
„S-S-K-R-Lauf"	Abwechselnd hintereinander die verschiedenen Lauftechniken Schritt-, Schreit-, Kniehebelauf und Robo-Jogg durchführen.
„Wasserbasketball"	Siehe Kap. 5.6.4.
„Lokomotive"	Siehe Kap. 5.6.3.

Zur Verbesserung der Beweglichkeit im Rahmen eines Aquajogging-Trainings gibt es keine speziellen Übungen. Vielmehr ist das gesamte Aquajogging an sich ein Beweglichkeitstraining. Um diese Effekte zu verstärken, sollte man folgende Hinweise berücksichtigen:

- Die Bewegungsamplitude beim Schreitlauf kontinuierlich vergrößern.
- Mit Auftriebsmitteln an den Füßen „aquajoggen".
- Nach dem Aquajogging stretchen (Kap. 4.2.4 und 5.7.4).
- Entspannungsübungen durchführen (Kap. 5.7.3).

5.6   Spiele

Die meisten Bewegungsspiele – Fangspiele, Ballspiele, Staffelspiele bis hin zu den großen Spielen wie Basketball und Volleyball – lassen sich auch auf das Medium Wasser übertragen, müssen aber zum Teil erheblich modifiziert werden. Gespielt werden kann in den Aquajogging-Übungsstunden sowohl im Flachwasser als auch im Tiefwasser sowie zu Beginn oder am Ende einer Trainingseinheit. Aber auch während des eigentlichen Trainings bietet es sich an, durch spielerische Lauf- und Staffelwettbewerbe Abwechslung und Spannung in den Übungs- und Trainingsbetrieb zu integrieren. Insbesondere bei lang andauernden Ausdauerbelastungen kann die Motivation somit spielerisch erhalten bzw. gesteigert werden. Dabei sollte die konditionelle Belastung der Spiele mit der Trainingsphase im Hauptteil der Stunde abgestimmt werden. So sollten nach einem intensiven Training z. B. in der Abwärmphase eher regenerative, entspannende Spiele durchgeführt werden.

Bei einigen der im Folgenden aufgeführten Spiele ist die Wahl der Lauftechnik den Teilnehmern freigestellt, sodass dann meistens die Schrittlauftechnik gewählt wird. Beim spielerischen Erlernen oder Verbessern einer bestimmten Lauftechnik oder bei einer intendierten höheren konditionellen Beanspruchung werden auch Kniehebe-, Schreitlauf- und Robo-Jogg-Technik mit in die Spiele einbezogen.

5.6.1   Kennenlernspiele

Vielen Menschen fällt es schwer, sich auf andere Menschen und eine neue, oftmals ungewohnte Situation einzustellen. Aus diesem Grund sollte der Kursleiter versuchen, ganz bewusst Situationen zu provozieren, in denen sich die Teilnehmer eines Kurses kennen lernen. Kennenlernspiele schaffen durch den Abbau von Hemmungen und das Kennenlernen von Namen und verschiedenen Erwartungen die Basis für zukünftiges gemeinsames Handeln in der Gruppe. Die Anforderungen sowohl im technisch-koordinativen Bereich als auch die konditionelle Belastung sollten eher im unteren bis mittleren Bereich liegen, da so die Konzentration bewusst auf das Sichkennenlernen und die damit verbundenen sozialen Lernziele gelenkt wird. Somit eignen sich diese Spiele insbesondere für die ersten Kursstunden. Sie werden dabei im Flachwasser ohne Aquajogger® durchgeführt.

Namenspiel (1)
Ein Softball wird im Kreis zugespielt, wobei jeder beim Abspiel seinen Namen ruft. Sind die Namen besser bekannt, ruft man den Namen des Fängers.
Variationen:
- Der Werfer folgt dem Ballweg (laufend, sitzend, schwimmend usw.).
- Es wird mit zwei Bällen gespielt.

Gordischer Knoten (2)
Alle Teilnehmer stehen Schulter an Schulter in Kreisform mit Blick nach innen, schließen die Augen und strecken die Arme in die Mitte. Jeder greift nach zwei Händen verschiedener Mitspieler. Sobald alle Hände gefasst sind, wird versucht, mit geöffneten Augen den „gordischen Knoten" zu entwirren (beim ersten Mal mit geöffneten Augen).

***Foto 15:** Aquajogging-Gruppe beim Spiel „Gordischer Knoten"*

Läuferspiel (3)

Die Teilnehmer laufen (nach vorgegebener Musik), wobei der Kursleiter bestimmte Bewegungen vorgibt oder verschiedenen Aufgaben stellt, wie z. B.:

- Zunächst kreuz und quer durcheinander gehen (rück-, vor-, seitwärts, die Arme nach oben strecken, möglichst große Schritte machen, Kniehebelauf usw.).
- Sich im Vorbeigehen die Hand schütteln (an der Schulter berühren, zublinzeln, Lieblingsstadt oder Lieblingsfernsehserie sagen usw.).

Atomspiel (4)

Alle Spieler gehen durcheinander. Nach kurzer Zeit ruft der Kursleiter eine Zahl oder die Musik setzt aus. So schnell wie möglich sollen sich die Teilnehmer in Gruppen mit der angegebenen Stärke zusammenfinden und sich an den Händen fassen.

Schattenlaufen (5)

Die Teilnehmer gehen paarweise zusammen. Einer geht voraus, während der andere ihm wie ein Schatten folgt. Der Vorausgehende ändert fortlaufend seine Richtung bzw. seine Gangart und führt verschiedene Bewegungen durch, während der andere versucht, ihn möglichst genau zu imitieren.

Foto 16: Schattenlaufen

Tab. 18: Kennenlernspiele

Nr.	Name	Organisation	Primäre konditionelle Beanspruchung	Belastungs- intensität	Geräte
1	Namenspiel	Gruppe	Koordination	gering	1-2 Bälle
2	Gordischer Knoten	Gruppe	Koordination	gering	keine
3	Läuferspiel	Gruppe	Ausdauer	mittel	keine
4	Atomspiel	Gruppe	Ausdauer	mittel	keine
5	Schattenlaufen	partnerweise	Ausdauer	mittel	keine

5.6.2 Flachwasserspiele

Alle Spielformen im Flachwasser, die längere Bewegungspausen beinhalten, sollten auf Grund der Gefahr der Unterkühlung grundsätzlich vermieden werden. So
wie auch die Gruppe der Kennenlernspiele werden die Flachwasserspiele ohne
Aquajogger® durchgeführt.

Blindenführung (1)

Ein Teilnehmer geht mit geschlossenen Augen und vorgestreckten Armen durch das Wasser. Um Zusammenstöße zu vermeiden, wird er von seinem Partner durch eindeutige Schulterberührungen geführt (Antippen der linken Schulter bedeutet Vierteldrehung linksherum usw.).

Den Ball hochhalten (2)

Die Gruppe steht im Kreis und versucht, sich einen aufgeblasenen Wasserball möglichst häufig zuzuspielen, ohne dass der Ball das Wasser berührt.
Variationen:
- Es werden mehrere Mannschaften mit etwa 4-8 Teilnehmern gebildet.
- Welche Mannschaft schafft die meisten Ballkontakte?
- Welche Mannschaft hat in einer vorgegebenen Zeit (z. B. 2 min) die meisten Ballkontakte (oder die wenigsten Wasserberührungen)?

Foto 17: Ball hochhalten

Rettender Kreis (3)

Die Spieler bilden mit gefassten Händen einen Innenstirnkreis. Läufer und Fänger werden bestimmt. Der Läufer ist durch Handfassung im Kreis eingereiht, während der Fänger sich außerhalb befindet. Sobald der Fänger außen um den Kreis herumläuft, bewegen sich die Kreisspieler in der gleichen Richtung, um den Läufer vor dem Abschlag zu schützen.

Ball über die Schnur (4)

Zwei Mannschaften stehen sich gegenüber: Eine in 1m Höhe gespannte Zauberschnur teilt das Spielfeld in zwei Hälften.. Ein Luftballon oder ein leichter, aufblas-
barer Wasserball werden über die Schnur hin- und hergeschlagen, wobei der Ball
innerhalb der Mannschaft dreimal gespielt werden darf. Jede Wasserberührung
des Balls beim Gegner zählt einen Punkt. Spielfeldgröße je nach Teilnehmerzahl
und Spielgerät variieren. Auch kann mit zwei Bällen gespielt werden.

Parteiball (5)

Es werden zwei Mannschaften gebildet. Die ballbesitzende Mannschaft versucht,
sich einen Ball oder Gummiring möglichst häufig zuzuwerfen, während die gegne-
rische Mannschaft versucht, den Ball abzufangen und ihn ihrerseits dann möglichst oft zu spielen.

Variationen:

• Wird der Ball innerhalb einer Mannschaft ohne Unterbrechung zehnmal hintereinander gespielt, gibt es einen Punkt. Der Ball wechselt dann zum Gegner.
• Der Ball muss nach einer bestimmten Zeit gespielt werden (z. B. 3-4 Sekunden).

Schwimmbrettpaddeln (6)

Alle Teilnehmer sitzen auf einem Schwimmbrett und dürfen sich nur durch Paddel-
bewegungen der Arme ohne Bodenkontakt fortbewegen. Der Kursleiter stellt verschiedene Bewegungsaufgaben wie:

• Möglichst schnell alle vier Seiten des Schwimmbades zu berühren.
• Nur mit einem Arm das Becken zu durchpaddeln.
• Zu zweit eine bestimmte Strecke zurückzulegen.

Tigerball (7)

Die Gruppe bildet einen Kreis. Je nach Gruppengröße postieren sich ein oder meh-
rere Spieler in die Mitte (bei 10-14 Teilnehmern 2-3 Mittelspieler). Die äußeren
Mitspieler werfen sich nun einen Ball zu, wobei die Mittelspieler versuchen, den
Ball abzufangen. Gelingt dies, wechselt der Spieler mit dem Außenspieler, der den
Ball zuletzt berührt hat.

Variationen:

• Der Ball muss nach einer bestimmten Zeit gespielt werden (z. B. 2-3 Sekunden).
• Es wird mit zwei Bällen gespielt.

Tab. 19: Flachwasserspiele

Nr.	Name	Organisation	Primäre konditionelle Beanspruchung	Belastungs- intensität	Geräte
1	Blindenführung	partnerweise	Koordination	gering	keine
2	den Ball hochhalten	Gruppe/ Mannschaft	Koordination/ Ausdauer	gering- mittel	leichte Wasserbälle
3	Rettender Kreis	Gruppe	Ausdauer	mittel-hoch	keine
4	Ball über die Schnur	Mannschaft	Koordination	mittel-hoch	Zauberschnur, Bälle
5	Parteiball	Mannschaft	Ausdauer	hoch	Wasserball
6	Schwimm- brettpaddeln	einzeln	Kraft	hoch	Schwimmbretter
7	Tigerball	Gruppe	Ausdauer	hoch	Ball

5.6.3 Laufspiele im Aquajogging

Auf der Grundlage der Aquajogging-Bewegung lässt sich, wie beim Jogging an Land auch, eine Vielzahl von Laufspielen oder spielerischen Laufformen entwickeln und durchführen. Einige davon seien hier aufgeführt, der Fantasie sind dabei aber keine Grenzen gesetzt. Alle diese Spiele werden im Tiefwasser mit Auftriebshilfe durchgeführt.

Blindlauf (1)

Ähnlich wie bei der Blindenführung im Flachwasser läuft man hier mit geschlossenen Augen und wird nur durch einen Partner mittels rechtem oder linkem Schulterantippen „dirigiert" oder man läuft der Stimme des Kursleiters hinterher. Je zwei Teilnehmer laufen hintereinander, wobei der Vordere sich zuvor die Augen mit einem Handtuch verbunden hat oder sie verschlossen hält. Der Hintere gibt die Richtung vor, um Zusammenstöße mit den anderen Teilnehmern und dem Beckenrand zu vermeiden. Der Blindlauf eignet sich insbesondere zur Schaffung und Verbesserung des Bewegungsgefühls bei allen Lauftechniken. Ängstliche Teilnehmer sollten ihre Augen zu Beginn noch nicht mit einem Handtuch verbinden, sondern sich erst langsam an den neuen Zustand gewöhnen, indem sie die Augen erst nur für einige Sekunden geschlossen halten und dies von Mal zu Mal allmählich steigern.

Variationen:
- Es darf nicht mehr gesprochen werden, was bei den meisten Teilnehmern ein noch intensiveres Erleben zur Folge hat.
- Man läuft in die Richtung der Stimme des Kursleiters. Der Partner hat nur sichernde Funktion.

Lokomotive (2)

Die Teilnehmer gehen paarweise zusammen und bewegen sich, an zwei Gymnastikstäben haltend, hintereinander wie eine Lokomotive vorwärts. Zuerst wird der Schrittlauf gewählt; bei gut eingespielten Teams mit entsprechender Koordination wird diese Bewegung im Kniehebelauf oder im Schreitlauf durchgeführt. Mit der „Lokomotive" kann man die Grobkoordination der Bewegung verbessern. Sie eignet sich besonders gut für Passgänger, da diese durch den vorgegebenen Rhythmus des Partners gezwungen werden, Arme und Beine gegengleich zu bewegen.

Variationen:
- Die Gymnastikstäbe werden außerhalb des Wassers in Kopfhöhe getragen, was eine Erhöhung der Bewegungsfrequenz der Beine und somit auch eine Belastungsintensivierung zur Folge hat.
- Die Übung wird von drei Teilnehmern durchgeführt.

Foto 18: Blindlauf

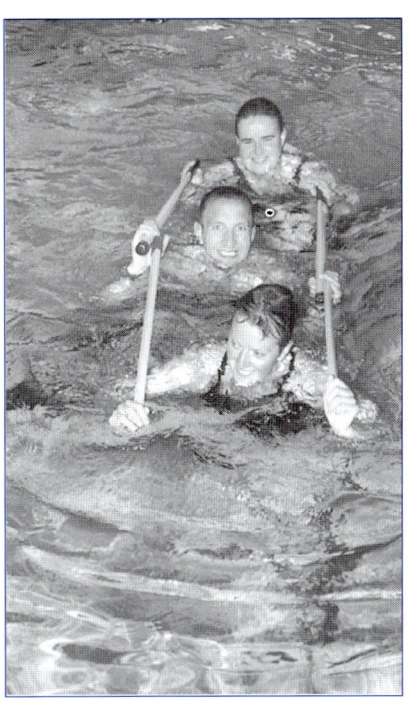

Foto 19: Lokomotive

Rundlauf (3)

Die gesamte Gruppe läuft im Kreis, wechselt, auf ein Zeichen des Kursleiters hin, schnellstmöglichst die Richtung und läuft somit kurzzeitig gegen einen erhöhten Wasserwiderstand an. Der Rundlauf kann mit allen Lauftechniken durchgeführt werden.

Schlange (4)

Die gesamte Gruppe läuft in einer Reihe hintereinander. Der Erste bestimmt die Richtung, das Tempo und den Laufstil. Die nachfolgenden Läufer müssen sich daran anpassen. Der erste Läufer sollte möglichst viele Kurven laufen und die Geschwindigkeit häufig variieren, sodass sich eine ständig ändernde „Schlange" durch das Becken bewegt.

Variation:

• Es werden zwei Gruppen eingeteilt, sodass sich die Gruppen aus dem Weg gehen müssen.

Spurts (5)

Mehrere Teilnehmer, bis zu sechs, laufen in der normalen Schrittlauftechnik betont langsam hintereinander in einer Reihe. Der jeweils letzte Läufer in der Reihe muss schnell an der Reihe vorbei an die Spitze spurten und führt dann die Schlange an, bis der Nächste von hinten nach vorne gespurtet kommt.

Variation:

• Der Spurt muss in einer vorgegebenen Technik, z. B. dem Schreitlauf- oder der Robo-Jogg-Technik, durchgeführt werden.

Slalom (6)

Sechs bis acht Personen joggen zunächst hintereinander in einer Reihe. Der Abstand zwischen den Teilnehmern muss nun mindestens zwei Armlängen sein. Der letzte Läufer in der Reihe läuft „Slalom" zwischen den Teilnehmern hindurch nach vorne an die Spitze und ordnet sich dort ein.

Kettenfangen (7)

Ein Fänger versucht, einen anderen Teilnehmer der Gruppe zu fangen. Wer abgeschlagen wird, nimmt den Fänger bei der Hand und fängt mit ihm weiter. Somit entsteht eine immer größere Kette, bis nur noch ein Teilnehmer übrig bleibt.

Variationen:

• Wenn eine Vierergruppe entsteht, teilt sich diese in Zweiergruppen.
• Wer abtaucht, darf nicht gefangen werden.

Tab. 20: Aquajogging – Laufspiele

Nr.	Name	Organisation	Primäre konditionelle Beanspruchung	Belastungs-intensität	Geräte
1	Blindlauf	partnerweise	Koordination	gering	Handtücher
2	Lokomotive	partnerweise, Kleingruppe	Koordination	mittel	Gymnastik-stäbe
3	Rundlauf	Gruppe	Ausdauer	mittel-hoch	keine
4	Schlange	Gruppe	Ausdauer	mittel-hoch	keine
5	Spurts	Gruppe	Ausdauer	hoch	keine
6	Slalom	Gruppe	Ausdauer	hoch	keine
7	Kettenfangen	Gruppe	Ausdauer	hoch	keine

5.6.4 Aquajogging-Spiele

Aquajogging kann auch als Grundbewegung für das Durchführen bekannter oder völlig neuer Spiele im Wasser dienen.
Einige Spiele werden hier kurz vorgestellt:

Luftballonspiele (1)

Dabei soll versucht werden, im Laufen (Schritt- oder Schreitlauf) den Luftballon durch ständiges Tippen über Wasser zu halten. Luftballonspiele können alleine (Wer kann seinen Luftballon am längsten über Wasser halten? Wer hat in einer bestimmten Zeit die wenigsten Wasserberührungen?), zu zweit, als Staffelwettbewerb oder in der gesamten Gruppe durchgeführt werden.

Wasserballett (2)

Die Auftriebskörper beim Aquajogging ermöglichen eine relativ leichte Durchführung von wasserballettähnlichen Bewegungen oder choreografischen Gruppenformationen, die ohne Auftriebsmittel nur schwer zu realisieren sind. Dazu gehören insbesondere alle Bewegungen, bei denen sich die Füße an oder beide Arme über der Wasseroberfläche befinden. Der Reiz solcher choreografischer Formationen liegt hauptsächlich in der synchronen oder gegengleichen Bewegung aller Aktiven. Musik kann die Choreografie untermalen und für eine angenehme Atmosphäre sorgen. Auch hier sind der Fantasie im Prinzip keine Grenzen gesetzt.

So lassen sich viele Formationen aus dem Tanzsport übernehmen. Auch Bewegungen aus den Bereichen, Ballett, Tai-Chi und Yoga lassen sich integrieren und miteinander verknüpfen. Hier nur einige Beispiele für Formationen aus dem Tanzsport (vgl. BEIGEL-GUHL & BRINCKMANN, 1989):

- *„Stern"*: Alle Teilnehmer liegen in Rückenlage und bilden einen Kreis, indem sie sich an den Händen anfassen. Die Füße zeigen in Richtung Kreismitte. Nun kann man ruhig liegen bleiben oder kräftig mit den Füßen strampeln.
  Variationen:
  - Immer nur jeder zweite Teilnehmer bleibt ruhig liegen, während die anderen mit den Beinen strampeln.
  - Die Beine werden nach außen gestreckt (Vorsicht, nur für Fortgeschrittene! Das Gesicht kann in das Wasser gedrückt werden!).

Foto 20: Stern

- *„Kreis"*: Alle Teilnehmer laufen hintereinander im Kreis und heben dabei synchron zur Musik die Arme aus dem Wasser.
- *„Reißverschluss"*: Die Teilnehmer werden in zwei Gruppen aufgeteilt, die in zwei Reihen zunächst parallel nebenher laufen. Die Reihen kreuzen sich dann nach dem Reißverschlussprinzip und tauschen so die Seiten.
- *„Kamm"*: Die Teilnehmer stehen sich in zwei Reihen gegenüber. Anschließend legen sich alle Läufer mit nach vorne gestreckten Beinen auf den Rücken und

bewegen sich nur mit den Händen fußwärts aneinander vorbei, sodass die beiden Reihen „kammartig" ineinander greifen.

- *„Marsch"*: Die Teilnehmer laufen in zwei Reihen nebeneinander her. Auf ein Kommando drehen sich alle gleichzeitig auf der Stelle in die andere Richtung oder einmal um die ganze Achse, indem sie die Knie anheben und sich nur mit den Armen bewegen.
  Variation:
- Die Arme werden aus dem Wasser hochgehalten und man dreht sich nur mit den Beinen auf der Stelle.

Wasserbasketball (3)

Dazu werden zwei spezielle Wasserbasketballkörbe benötigt, die möglichst weit auseinander im Schwimmbecken positioniert werden. Es werden zwei Mannschaften gebildet, wobei jede Mannschaft je nach Spielfeldgröße aus bis zu acht Spielern bestehen kann. Ziel ist es, einen Wasserball o. Ä. in den gegnerischen Korb zu werfen. Dabei ist direkter Körperkontakt verboten. Es sind alle Lauftechniken erlaubt, nur schwimmen darf man nicht. Je nach Spielverlauf können zusätzliche Regeln eingeführt werden, wie z. B., dass der Ball nach fünf Sekunden abgespielt werden muss oder, dass eine Tabuzone um den Wasserbasketballkorb (diese erhält man z. B., indem man den Wasserbasketballkorb auf eine Schwimmmatte o. Ä. legt) nicht betreten werden darf.

Staffelwettbewerbe (4)

Nahezu alle Staffelwettbewerbe zeichnen sich durch einen hohen Wettkampfcharakter aus. Um möglichst schnell eine bestimmte Distanz zurückzulegen, vernachlässigen einige Teilnehmer die saubere Lauftechnik, was zur Aufrechterhaltung des Spielcharakters durchaus erlaubt werden sollte, solange keine offensichtlichen Schwimmbewegungen durchgeführt werden. Staffelspiele lassen sich insbesondere unter trainingsspezifischen Gesichtspunkten durchführen, da sie meistens nichts anderes als ein intensives (oder extensives) Intervalltraining darstellen. Für fast alle Zielgruppen gilt es deshalb, möglichst kleine Gruppen zu bilden, um so den Belastungsumfang für die einzelnen Teilnehmer zu erhöhen. Die Gruppengröße, die gestellte Aufgabe und die zurückzulegende Distanz muss den Belastungsanforderungen der einzelnen Zielgruppen entsprechen. Insbesondere bei Sportgruppen mit weniger belastbaren Teilnehmern sollte der Kursleiter dies berücksichtigen. Hier einige Beispiele für Staffelwettbewerbe:

- *Tischtennisballstaffel:* Dabei muss jeder Teilnehmer einer Mannschaft zwei Tschtennisbälle (oder Tennisbälle) in den Ellbogenbeugen über eine bestimmte Distanz transportieren.

- *Balltragestaffel:* Jede Mannschaft besitzt einen Ball, der während des Laufens in Kopfhöhe (oder über dem Kopf) getragen wird. Bei der Übergabe darf der Ball das Wasser nicht berühren.
  Variation: Der Ball wird mit den Füßen in Rückenlage transportiert.
- *Serviererstaffel:* Dabei wird ein Ball oder auch ein anderer Gegenstand (z. B. ein mit Wasser gefüllter Plastikbecher) über eine bestimmte Strecke auf einem Schwimmbrett transportiert und dann an einen Mitspieler übergeben.

Foto 21: Serviererstaffel

- *Pendelstaffel:* Die Teilnehmer bilden Kleingruppen zu je 2-3 Spielern und stellen sich in Pendelaufstellung an beiden Beckenseiten gegenüber auf. Laufen in einer bestimmten, vorgegebenen Technik oder der Transport eines Gegenstandes werden den Teilnehmern zur Aufgabe gemacht. Auf der Gegenseite wird dann ein Mitspieler abgeschlagen bzw. der Gegenstand wird übergeben.
- *Schiebestaffel:* Es werden Dreiergruppen gebildet, wobei sich ein Teilnehmer auf den Rücken legt und von den anderen beiden geschoben wird.
- *Balltreibestaffel:* Ein Ball wird ohne Armberührung vor sich hergetrieben.

Tab. 21: Aquajogging-Spiele

Nr.	Name	Organisation	Primäre konditionelle Beanspruchung	Belastungs-intensität	Geräte
1	Luftballonspiel	einzeln, partnerweise, Mannschaften	Ausdauer Koordination	mittel	Luftballons
2	Wasserballett	Gruppen (bis 8 Teilnehmer)	Koordination	mittel	keine
3	Wasserbasket-ball	Mannschaften	Ausdauer	mittel-hoch	2 Wasser-basketball-körbe, Ball
4	Staffelwett-bewerbe	Mannschaften	Ausdauer, Kraft	hoch	Schwimm-bretter, Bälle

5.7 Übungen zum Stundenausklang und zur Entspannung

Ebenso wie ein Schwimmer nach dem Training ausschwimmt, ein Jogger ausläuft und ein Fußballspieler nach einem Spiel die belasteten Muskelgruppen dehnt, so sollte man auch nach einem Aquajogging-Training ganz bewusst sich und seinen Körper regenerieren. Diese Phase ist ebenso wie die Aufwärmphase sehr wichtig und sollte auf keinen Fall vergessen werden. Sie kann jedoch gegenüber der Abwärmphase an Land verkürzt sein. Die Abwärmphase einer Aquajogging-Stunde kann sowohl aktive (Spiele, Auslaufen) als auch passive Bewegungs- bzw. Entspannungsformen (Stretching, Entspannung) beinhalten. Als günstig hat sich eine Kombination beider Formen herausgestellt, wobei der aktive Teil vorangestellt wird. So sollte man sich z. B. erst auslaufen und dann entspannen, oder zuerst ein Spiel durchführen und dann dehnen. Die Stunde kann auf verschiedene Arten ausklingen:

- Auslaufen
- Kleine Spiele

- Aquarelaxation
- Lockerung und Stretching

5.7.1 Auslaufen

Das Auslaufen beim Aquajogging ist ein lockeres, entspanntes Laufen, bei dem man sich bewusst von der Auftriebshilfe tragen lässt. Als Lauftechnik wird grundsätzlich nur die Schrittlauftechnik angewandt, da die anderen Techniken wieder eine zusätzliche muskuläre und Herz-Kreislauf-Belastung darstellen würden. Sowohl die Bewegungsfrequenz als auch die Bewegungsamplitude müssen gegenüber dem Training in der Hauptphase der Stunde deutlich verringert werden. Je nach Trainingsintensität und Trainingsumfang sollte man sich mindestens 5-10 Minuten auslaufen. Einigen Teilnehmern erscheint es zu Beginn ungewohnt, langsam zu laufen. Zur Überprüfung der richtigen Belastungsintensität sollte man sich während des Auslaufens unterhalten können, ohne dabei außer Atem zu geraten. Wird mittels elektronischem Herzfrequenzmesser trainiert, so sollte man so langsam laufen, dass die Herzfrequenz kontinuierlich langsam abnimmt.

5.7.2 Kleine Spiele

Auch Spiele eignen sich für den Stundenausklang recht gut, insbesondere, wenn das Training eher weniger abwechslungsreich war. Durch Kleine Spiele am Stundenende kann die Motivation der Teilnehmer für die nächste Trainingsstunde auf leichte Art und Weise erhöht werden. Damit Spiele auch tatsächlich einen Stundenausklang darstellen, sollte man darauf achten, dass sie konditionell bedeutend niedrigere Anforderungen stellen als im Hauptteil. Daher eignen sich auch nur kleine und einfache Spiele hauptsächlich im Flachwasser zum Stundenausklang (vgl. Kap. 5.6.2).

5.7.3 Aquarelaxation – Entspannung im Wasser

Wie dargestellt, eignet sich das Medium Wasser gleichermaßen besonders gut zur physischen und psychischen Entspannung. Die physische Entlastung des Körpers führt bei vielen Teilnehmern zu einer psychischen Entspannung und einer deutlichen Steigerung des Wohlbefindens. Da diese Entspannung auf die Wirkungen des Wassers zurückzuführen ist, spricht man von „Aquarelaxation" (BIRKNER & ROSCHINSKY, 1997; ROSCHINSKY, 1998). Die im Folgenden beschriebene Aquarelaxation eignet sich nicht nur für den Stundenausklang (Cool down-Phase), sondern auch für den Einsatz im Laufe einer Aquajogging-Stunde, z. B. nach einer intensiven konditionellen Beanspruchung oder zwischen zwei Serien eines Intervalltrainings. Sie kann sowohl im Flachwasser als auch im Tiefwasser durchgeführt werden.

Allgemeine Hinweise

Die Aquarelaxation gehört zu den psychoregulativen Techniken, die über eine Regulation von Körpervorgängen versuchen, auf die Psyche bzw. das psychische Befinden einzuwirken. Durch das Schließen der Augen soll ein intensiveres Entspannungsgefühl erzielt werden. Das Ausschalten der optischen Wahrnehmung verstärkt die bewegungsempfindende (kinästhetische) Wahrnehmung und die sensorische Wahrnehmung wird durch bewusste Konzentration auf das den Körper umströmende Wasser gefördert. Unsichere und wasserängstliche Personen können zu Beginn auf das Schließen der Augen verzichten. Sowohl durch entsprechende Musik als auch durch das gedankliche „Sichhineinversetzen" in angenehme Umwelten (an einem Palmenstrand liegen, die Sonnenstrahlen spüren, die Wellen hören) kann das Entspannungsempfinden gesteigert werden (ROSCHINSKY, 1993; ROSCHINSKY & SCHLATTMANN, 1998). Bei der Aquarelaxation sollte stets darauf geachtet werden, dass man dabei nicht auskühlt. Falls ein separates Flachwasserbecken mit wärmerem Wasser zur Verfügung steht, sollte dies genutzt werden.

Aquarelaxation (einzeln)

Man legt sich entspannt auf den Rücken und lässt sich von der Auftriebshilfe treiben. Dabei sollte auch der Kopf in das Wasser gelegt werden. Die Arme werden leicht zur Seite weggespreizt auf das Wasser gelegt. Die Beine sollten ebenfalls locker auf dem Wasser liegen. Liegt man sicher und ruhig, so kann man die Augen schließen. Zuvor sollte man sich vergewissern, dass sich der Kopf nicht in Becken-randnähe befindet.

*Foto 22: Entspannung in der Rückenlage / **Foto 23:** Aquarelaxation mit Partner*

Aquarelaxation (partnerweise)

Dazu geht man mit dem Partner in den Flachwasserbereich des Beckens. Während sich eine Person flach wie ein „Brett" auf den Rücken legt, zieht sein Partner ihn an den Schultern fassend durchs stehtiefe Wasser. Ruckartige und zu schnelle Bewegungen sind dabei unbedingt zu vermeiden. Für ein intensives Entspannungsgefühl ist die richtige Wasserlage – Kopf leicht nach hinten nehmen und die Hüfte zur Wasseroberfläche schieben – von entscheidender Bedeutung. Bei instabiler Wasserlage können Auftriebshilfen, wie Schwimmbrett und Aquajogger®, unterstützend eingesetzt werden.

Aquarelaxation (in der Gruppe)

Die Teilnehmer bilden im stehtiefen Wasser einen Kreis, fassen sich an den Händen und gehen möglichst weit auseinander, ohne sich zu lösen. Jeder Zweite legt sich nun, wie bei der Partnerübung, auf den Rücken. Die restlichen Teilnehmer beginnen, nun langsam in Kreisform zu gehen. Auch hier ist darauf zu achten, dass die Teilnehmer ruckartige und zu schnelle Bewegungen vermeiden.

Foto 24: Aquarelaxation in der Gruppe

5.7.4 Lockerung und Stretching

Zum *Lockern*, insbesondere der hauptsächlich beanspruchten Beinmuskulatur, nimmt man die oben beschriebene Entspannungsposition in der Rückenlage ein und schüttelt die Oberschenkel und Beine aus. Diese Form der Lockerung eignet sich besonders gut als Pause während eines Intervalltrainings. Aber auch im Stehen im Tiefwasser kann man dank der Auftriebswirkung des Aquajoggings die Extremitäten am Ende eines Trainings leicht ausschütteln.

Stretching-Übungen zum Stundenausklang eignen sich nicht besonders zur Durchführung im Wasser, da man sich dabei kaum bewegt und man daher im Wasser schnell beginnt, auszukühlen. Günstiger ist es, z. B. die Stretching-Übungen (vgl. Kap. 5.2.1) unter der warmen Dusche nach dem Aquajogging-Training durchzuführen.

6 ZIELGRUPPENORIENTIERTE ANWENDUNG DES AQUAJOGGINGS

Man kann Aquajogging zwar als eine Universalsportform bezeichnen, die nahezu den gesamten Körper trainiert und auch der Seele „gut tut", trotzdem kann man auch beim Aquajogging verschiedene Schwerpunkte in der Durchführung setzen, je nachdem, von wem das Aquajogging betrieben wird.

6.1 Freizeitsportler

Für Freizeitsportler kann das Aquajogging eine wirkliche Universalsportform sein, da nahezu alle wichtigen motorischen Eigenschaften trainiert werden, man Sozialkontakte haben bzw. aufbauen kann und auch das Befinden positiv beeinflusst werden kann. Diese Vielfältigkeit des Aquajoggings sollte auch in einem Training eines Freizeitsportlers ausgenutzt werden. Dies bedeutet, dass prinzipiell alle verschiedenen Formen des Aquajogging-Trainings durchgeführt werden sollten, wenn auch der Schwerpunkt dabei auf dem Ausdauertraining liegt.

Das Ausdauertraining sollte so gestaltet werden, dass hauptsächlich der Fettstoffwechsel trainiert wird. Deshalb sind für Freizeitsportler die Dauermethode und die Methode der extensiven Intervalle mit den entsprechenden Belastungshöhen und -dauern hier die Methoden der Wahl. Intensive Intervalle und die Wiederholungsmethode sollten nur bei hoher Leistungsfähigkeit und nur selten eingesetzt werden. Ziel eines Freizeit-Aquajoggers sollte es sein, ca. 45-60 Minuten im Wasser ohne Unterbrechung durchlaufen zu können.

Das Ausdauertraining sollte regelmäßig durch Kräftigungs-, Koordinations- sowie Beweglichkeitsübungen unterbrochen bzw. ergänzt werden. Auch Spiele sollten zwischendurch durchgeführt werden. Die hauptsächliche Aquajogging-Lauftechnik für Freizeitsportler ist der Schrittlauf. Schreit- und Kniehebelauf sollten nur ab und zu im Rahmen von extensiven Intervalltrainingsstunden oder im Rahmen von Fahrtspielen durchgeführt werden. Der Robo-Jogg spielt eine untergeordnete Rolle.

Tab. 22: Aquajogging für Freizeitsportler

Methode	Anteil am Gesamttraining	Lauftechnik	Anteil am Gesamttraining
Dauermethode	30 %	Schrittlauf	60 %
Extensive Intervalle	20 %	Schreitlauf	20 %
Fahrtspiel	15 %	Kniehebelauf	15 %
Kräftigungsübungen	10 %	Robo-Jogg	5 %
Beweglichkeits-/ Koordinationsübungen	10 %		
Spiele	15 %		

6.2   Läufer

Für Läufer, egal welcher Leistungsklasse, kann das Aquajogging eine ausgesprochen sinnvolle Ergänzung des bisherigen Trainings bzw. der bisherigen Trainingsinhalte sein (vgl. Kap. 3.5). Läufer werden naturgemäß hauptsächlich die läuferi-
schen Elemente des Aquajoggings durchführen, d. h. Spiele und Koordinationsübungen werden kaum gemacht, was allerdings nicht bedeutet, dass man sein
Lauftraining nicht auch zwischendurch durch Spiele und/oder Koordinationsübungen auflockern kann.

Da Läufer häufig nur über eine eingeschränkte Beweglichkeit im Bereich der Bein-
und Hüftmuskulatur verfügen, sollte man des Öfteren Beweglichkeitsübungen
beim Aquajogging durchführen. Laufanfänger bzw. weniger erfahrene Läufer sollten den vorhandenen positiven Effekt auf die Lauftechnik an Land durch eine
Technikbetonung – Unterschenkelschwung nach vorne beim Schrittlauf sowie aktive Rückführung des „Standbeins" – ausnutzen. Trainingsmethodisch können bei
Läufern, je nach Leistungsstand, alle Methoden angewendet werden. Läufer werden zum intensiveren Training der Beinmuskulatur häufiger die Schreitlauftechnik
sowie zum intensiveren Herz-Kreislauf-Training häufiger die Technik des Kniehebelaufs durchführen.

Tab. 23: Aquajogging für Läufer

Methode	Anteil am Gesamttraining	Lauftechnik	Anteil am Gesamttraining
Dauermethode	35 %	Schrittlauf	50 %
Extensive Intervalle	25 %	Schreitlauf	25 %
Intensive Intervalle	15 %	Kniehebelauf	25 %
Kräftigungsübungen	15 %	Robo-Jogg	–
Beweglichkeits-/ Koordinationsübungen	10 %		

6.3 Spezielle Sportgruppen

Neben den großen Gruppen der Freizeit- und Leistungssportler eignet sich das Aquajogging auch für viele Teilnehmer von speziellen Sportgruppen. Damit sind Personen gemeint, „die aufgrund ihrer gesundheitlichen und/oder individuellen und sozialen Lage ein sportliches Angebot benötigen, das auf die individuellen, gruppenspezifischen, speziellen Bedürfnisse hin ausgewählt und durchgeführt wird" (RIEDER, HUBER & WERLE, 1996, S. 9). Alle Teilnehmer der im Folgenden beschriebenen speziellen Sportgruppen sollten vor dem Beginn eines Aquajogging-Trainings ihren Arzt konsultieren, um eventuelle Kontraindikationen auszuschließen.

6.3.1 Anfänger

Aquajogging ist eine ausgesprochen günstige Sportart für den Sportanfänger oder auch Wiedereinsteiger. Insbesondere die Möglichkeit der feinen Belastungsdosierung macht Aquajogging zu einer optimalen „Anfängersportart". Wie bei jedem Anfängertraining wird auch beim Aquajogging zunächst die Methode der extensiven Intervalle die Methode der Wahl sein. Im Gegensatz zum Anfängertraining in fast allen anderen Sportarten kann man beim Aquajogging allerdings sehr schnell zur Dauermethode kommen, da sich die Belastungsintervalle relativ schnell vergrößern lassen. Lauftechnik für den Sportanfänger sollte hauptsächlich die Schrittlauftechnik sein. Zu den anderen Techniken und auch zu den größeren Spielen sollte erst übergegangen werden, wenn eine gewisse Basis an allgemeiner Ausdauerleistungsfähigkeit vorhanden ist. Kleinere Spiele können zur Auflockerung des Trainings aber durchaus durchgeführt werden. Im Bereich des Anfängertrainings haben sich Intervall-Aufbauprogramme bewährt. Dabei wird versucht, die kontinuierliche Belastungsdauer durch intervallartige Belastungspausen zu erleichtern und allmählich die Pausenzeiten und -häufigkeiten zu verkürzen. Beim Aquajogging können die Intervalle sehr schnell vergrößert werden.

Hier ein Beispiel eines solchen Aufbauprogramms:

Tab. 24: Beispiel für ein Anfängerprogramm

Trainings-einheit	Häufigkeit	Intensität
1	5 x 2 min / Pause: 1 min	ganz locker, niedrigste Intensität (60 %)
2	Pyramide: 1-2-3-4-3-2-1 min Pause: 1-1-2-2-2-1 min	niedrigste Intensität (60 %)
3	6 x 3 min Pause: jeweils 1 min	niedrigste Intensität (60 %)
4	Pyramide: 2-4-6-5-3-1min Pause: 1-2-2-2-1min	niedrigste Intensität (60 %)
5	5 x 5 min Pause: 1 1/2 min	ganz locker / 60 % / 70 % / 80 % / 70 %
6	Pyramide: 3-6-10-6-3 min Pause: 1-2-3-2-1	80 % / 70 % / 60 % / 70 % / 80 %
7	5-10-15-10-5 min Pause: 1-2-2	niedrigste Intensität (60-65 %)
8	5 min einlaufen 30 min kontinuierlich	60-65 %

Bei diesem Programm sollten mindestens zwei Trainingseinheiten pro Woche durchgeführt werden. Das Programm beinhaltet nur die reinen Ausdauerbelastungen. Dazu sollten in der Aufwärmphase oder auch nach dem Hauptprogramm einzelne Kleine Spiele, Kräftigungs- oder Beweglichkeitsübungen durchgeführt werden, sodass ein Aquajogging-Training für Sportanfänger im Allgemeinen wie folgt aussehen sollte:

Tab. 25: *Aquajogging für Sportanfänger*

Methode	Anteil am Gesamttraining	Lauftechnik	Anteil am Gesamttraining
Extensive Intervalle	60 %	Schrittlauf	90 %
Dauermethode	20 %	Schreitlauf	10 %
Kräftigungsübungen	5 %	Kniehebelauf	–
Beweglichkeits-/ Koordinationsübungen	5 %	Robo-Jogg	–
Spiele	10 %		

6.3.2 Personen mit Rückenbeschwerden

Das Medium Wasser ist auf Grund seiner Auftriebswirkung optimal geeignet für den Personenkreis mit bandscheibenbedingten Rückenproblemen (vgl. u. a. Kap. 3.4.1). Da das Brustschwimmen aus schon dargelegten Gründen für diesen Personenkreis abzulehnen ist, stellt das Aquajogging nun eine neue Möglichkeit eines gesundheitsorientierten Ausdauertrainings im Wasser dar.

Bei Personen mit Rückenproblemen ist besonders auf eine exakte Laufhaltung und -technik zu achten. Fehler bei der Laufhaltung, wie etwa das zu weite Nachvornelegen des Körpers oder das zu starke Beugen im Brustwirbelbereich (Rundrücken) führen zu Überstreckungen im Hals-, Brust- und/oder Lendenwirbelbereich und sollten aus orthopädischen Gründen unbedingt vermieden werden, da so bestehende Beschwerden eher noch verstärkt werden können. Auch Wurfspiele mit großen Ausholbewegungen (Gefahr der Hyperlordosierung) oder Fangspiele mit abrupten Abstoppbewegungen im Flachwasser sind für diesen Personenkreis eher ungeeignet. Die hauptsächliche Lauftechnik für diesen Personenkreis sollte der normale Schrittlauf und ab und zu der Kniehebelauf sein. Der Schreitlauf sollte eher vermieden werden, da viele Läufer bei der vermehrten Kraftanstrengung die Tendenz haben, eine Rundrückenhaltung einzunehmen.

Günstig für diese Zielgruppe ist die Durchführung von Koordinations-, Kräftigungs- und Beweglichkeitsübungen, da hier die Rückenmuskulatur vermehrt trainiert wird und Ungleichgewichte zwischen der gesamten Halte- und Bewegungsmuskulatur des Körpers (muskuläre Dysbalancen), die eine Rückenschmerzsymptomatik in hohem Maße verstärken können, verringert werden können. Dabei wären Übungen für die Bauchmuskulatur besonders hervorzuheben. Die Methoden bezüglich eines Ausdauertrainings richten sich nach dem Leistungsstand der Anfänger, Freizeit- oder Leistungssportler.

Tab. 26: Aquajogging für Personen mit Rückenbeschwerden

Methode	Anteil am Gesamttraining	Lauftechnik	Anteil am Gesamttraining
Ausdauertraining	65 %	Schrittlauf	90 %
Kräftigungsübungen	20 %	Kniehebelauf	10 %
Beweglichkeits-/ Koordinationsübungen	10 %	Schreitlauf	–
Spiele	5 %	Robo-Jogg	–

6.3.3 Personen mit Kniebeschwerden

Im Mittelpunkt eines „Knietrainings" steht nahezu immer die Kräftigung der beteiligten Muskelgruppen (vgl. BOECKH-BEHRENS & BUSKIES, 1995c). Insbesondere die spezielle Technik des Robo-Joggs bietet hier die Möglichkeit, die kniegelenkstabilisierende Muskulatur zu stärken und somit für Linderung zu sorgen (vgl. Kap. 3.3). Dieser Personenkreis sollte daher alle Bewegungen, die mit einer Druckbelastung verbunden sind, wie z. B. Flachwasserspiele oder Sprungübungen im Flachwasser, vermeiden und hauptsächlich Tiefwasserübungen durchführen.

Tab. 27: Aquajogging für Personen mit Kniebeschwerden

Methode	Anteil am Gesamttraining	Lauftechnik	Anteil am Gesamttraining
Extensive Intervalle	50 %	Robo-Jogg	40 %
Dauermethode	25 %	Schrittlauf	40 %
Kräftigungsübungen	15 %	Kniehebelauf	–
Beweglichkeits-/ Koordinationsübungen	10 %	Schreitlauf	20 %

Da Kniebeschwerden genauso wie Rückenbeschwerden durch Ungleichgewichte zwischen Halte- und Bewegungsmuskulatur (muskuläre Dysbalancen) unterstützt werden können, sollten auch hier Kräftigungs- und Beweglichkeitsübungen nicht fehlen. Die Methoden bezüglich eines Ausdauertrainings richten sich nach dem Leistungsstand der Anfänger, Freizeit- oder Leistungssportler.

6.3.4   Personen mit Übergewicht

Übergewichtige Personen werden durch die Entlastung des Stütz- und Bewegungsapparats häufig überhaupt erst im Wasser in die Lage versetzt, ein Bewegungs- oder Ausdauerprogramm absolvieren zu können. Insofern ist Aquajogging als eine grundsätzliche Möglichkeit der Bewegung für Übergewichtige hervorzuheben. Damit Aquajogging eine gewünschte Gewichtsabnahme unterstützen kann, muss es hauptsächlich als Ausdauertraining durchgeführt werden. Dabei muss vor allem lange und mit niedriger Intensität trainiert werden. Als Methode der Wahl gilt daher die Dauermethode mit einer Belastung von 60-70 %. Die Belastungsdauer sollte mindestens 30 Minuten betragen. Die Methode der extensiven Intervalle mit langen Intervallen (5-10 min) kann zur Abwechslung ebenfalls eingesetzt werden. Ein solches Training sollte mindestens 2-3-mal pro Woche durchgeführt werden. Eine gezielte Gewichtsreduktion wird auch nur dann erreicht, wenn ein regelmäßiges Aquajogging-Training mit einer kontrollierten und kalorienreduzierten Ernährung kombiniert wird. Auf Grund des Übergewichts sind schnellere Lauftechniken wie der Kniehebelauf oder Lauftechniken, die eine große Bewegungsamplitude erfordern, wie der Schreitlauf, nur bedingt geeignet. Deshalb sollten Übergewichtige hauptsächlich im Schrittlauf „aquajoggen".

Tab. 28: Aquajogging für übergewichtige Personen

Methode	Anteil am Gesamttraining	Lauftechnik	Anteil am Gesamttraining
Dauermethode	90 %	Schrittlauf	100 %
Extensive Intervalle	10 %		

6.3.5   Koronarpatienten

Ein wesentliches Ziel von Koronarpatienten liegt in der Verbesserung der allgemeinen und kardiopulmonalen Leistungsfähigkeit. Deshalb spielen Ausdauersportarten, wie z. B. Walking und Rad fahren, eine wichtige Rolle. Bewegungsangebote mit dieser Personengruppe setzen genaue Kenntnisse über die individuelle Belastungsfähigkeit der einzelnen Teilnehmer und Kenntnisse über die Herz-Kreislauf-Reaktionen bei körperlicher Belastung voraus. Dies ist im Besonderen bei körperlicher Belastung im Wasser der Fall. Das bedeutet, dass z. B. Schwimmen, aber auch Aquajogging mit Herz-Kreislauf-Patienten nur von besonders geschultem Personal bei gleichzeitiger Anwesenheit eines Arztes durchgeführt werden darf. Allerdings sollten Ausdauersportarten im Wasser für Koronarpatienten nicht grundsätzlich verboten werden. So ist das Schwimmen für Patienten, die nicht zu Herz-Rhythmus-Störungen neigen und eine Herz-Kreislauf-Belastbarkeit von mindestens 1 W/kg Körpergewicht besitzen, durchaus empfehlenswert (vgl. ROST, 1986). Somit sollte auch das Aquajogging nur in ambulanten Trainings- und nicht in Übungsgruppen durchgeführt werden. Als Technik sollte nur in der Schrittlauftechnik gejoggt werden, da die anderen Techniken eine zu intensive Belastung darstellen könnten. Eine angemessene Belastungsdosierung ist für diese Personengruppe dabei von entscheidender Bedeutung. So sollte die fahrradergometrisch festgelegte Sollpulsfrequenz als Grundlage dienen und entsprechend umgerechnet werden (vgl. Kap. 4.2.1).

Generell sollten Sprünge ins Wasser auf Grund der Gefahr des Herzflimmerns nicht durchgeführt werden. Auch auf Spiele, die Wettkampfcharakter besitzen, sollte verzichtet werden. Die optimale Wassertemperatur (ca. 28° C) und eine Rücksprache mit dem Arzt mit einer genauen Belastungsinstruktion (Sollpulsfrequenz) sind in der Rehabilitation von Herz-Kreislauf-Patienten von elementarer bzw. überlebenswichtiger Bedeutung.

Tab. 29: Aquajogging für Koronarpatienten

Methode	Anteil am Gesamttraining	Lauftechnik	Anteil am Gesamttraining
Dauermethode	90 %	Schrittlauf	100 %
Extensive Intervalle	10 %		
Spiele	–		
Individuelle Belastungsdosierung notwendig!			

6.3.6 Diabetiker

Sportliche Betätigung gilt neben der Diät und einer medikamentösen Behandlung als eine der drei Säulen der Diabetestherapie, insbesondere für den Altersdiabetiker. Dazu ist ein Ausdauertraining bei mittlerer Intensität am besten geeignet (HACKFORT & KRIEGEL, 1997). Somit ist auch das Aquajogging als ein gut dosierbares Ausdauertraining für diese Zielgruppe sehr empfehlenswert. Um die positiven Effekte für Diabetiker wie eine erhöhte Insulinsensitivität, Senkung des Blutzuckerspiegels und damit eine Senkung des Insulinbedarfs tatsächlich erreichen zu können, ist allerdings ein sehr regelmäßiges Training erforderlich. Ein Ausdauertrainingsprogramm für Diabetiker sollte immer mit einer hypokalorischen Diät, und falls notwendig, mit der Verabreichung antidiabetischer Medikamente einhergehen. Eine fach- und sportärztliche Untersuchung sollte vorausgehen. Diabetikersport darf nur von besonders geschultem Personal durchgeführt werden. Wenn möglich, darf auch hier ein Arzt anwesend sein.

Da die Intensität im mittleren Belastungsbereich liegen sollte, sind vorrangig die Dauermethode und die Methode der extensiven Intervalle mit Belastungen zwischen 60-70 % der Maximalbelastung zu wählen. Wird die Belastungsintensität von 60-70 % nicht überschritten, so können alle Laufstile durchgeführt werden.

Tab. 30: Aquajogging für Diabetiker

Methode	Anteil am Gesamttraining	Lauftechnik	Anteil am Gesamttraining
Dauermethode	70 %	Schrittlauf	55 %
Extensive Intervalle	20 %	Kniehebelauf	20 %
Spiele	10 %	Schreitlauf	20 %
		Robo-Jogg	5 %

6.3.7 „Gestresste"

Stress – ein in der gegenwärtigen Zeit immer häufigeres Phänomen, welches sich durch physische und/oder geistige Erschöpfung oder ein Gefühl der ständigen Überlastung und des Kontrollverlusts auf Grund subjektiv nicht zu bewältigender Aufgaben und Probleme auszeichnet (vgl. RÖTHIG, 1992). Die Zusammenhänge und genauen Ursachen von Stress sowie die Beeinflussungsmöglichkeiten sind wissenschaftlich noch nicht vollständig geklärt. Körperliche Bewegung bzw. Sport kann ein mögliches Mittel unter vielen sein, welches sich stressreduzierend auswirken kann. Dabei spielen die mit dem Sport verbundenen Begleiterscheinungen wie Sozialkontakte, Gruppenerleben, „Wegsein" vom Arbeitsplatz usw. mitunter eine bedeutendere Rolle bei der Verbesserung des Befindens bzw. einer Stressreduktion als der Sport selbst (vgl. u. a. MORGAN, 1984). Es können daher zur Zeit auch keine speziellen Anweisungen gegeben werden, wie ein Sport durchzuführen ist, damit er sich möglichst stressreduzierend und positiv auf das Befinden auswirkt, sondern nur allgemeine Hinweise. Damit sich die psychischen Vorteile des Aquajoggings im Sinne einer Stressreduktion auswirken können, sind folgende Dinge bei der Durchführung zu beachten (vgl. u. a. ALFERMANN, LAMPERT, STOLL & WAGNER-STOLL, 1993; BERGER & OWEN, 1988; 1992):

- Die Trainingsintensität sollte eher im unteren bis mittleren noch wirksamen Bereich liegen, d. h. zwischen 60 und 80 % der Maximalleistung.
- Die Belastungsdauer sollte zwar mindestens 20-30 Minuten betragen, jedoch nicht so groß sein, dass sich ein subjektives Überlastungsgefühl einstellt.
- Rhythmische Musik kann das Training unterstützen.
- Es sollte mit anderen zusammen trainiert und öfters Spiele durchgeführt werden.
- Während des Aquajoggings sollte man versuchen, bewusst durch den Bauch zu atmen.

Diese Empfehlungen gelten aber nur, solange man sich dabei auch wohl fühlt. Ein subjektiv positives Belastungsempfinden, d. h. das generelle Wohlfühlen bei der sportlichen Tätigkeit, ist für diesen Personenkreis wichtiger als das Erreichen bestimmter Belastungen oder das Durchführen bestimmter Übungen. Dies bedeutet, dass man das tun bzw. durchführen sollte, was einem persönlich bzw. den Kursteilnehmern, denen es hauptsächlich um eine Verringerung ihres Stresszustandes geht, Spaß macht. Dazu können zwischendurch auch durchaus Einheiten mit hoher Intensität, wie z. B. intensive Intervalle gehören, auch wenn sie zunächst dem Grundsatz eher geringerer Belastungen widersprechen. Aus o. g. Grund können prinzipiell alle Lauftechniken durchgeführt werden, am besten geeignet erscheint jedoch der normale Schreitlauf, da dieser am wenigsten Konzentration erfordert und daher die besten Möglichkeiten bietet, sich bereits während des Laufens zu entspannen und in einem harmonischen Bewegungszustand (vgl. Kap. 3.4.3; CSIKSZENTMIHALYI, 1992) aufzugehen.

Relativ ungeeignet erscheint der von der Technik her doch sehr „steife" Robo-Jogg. Schreit- und Kniehebelauf dienen hauptsächlich als Abwechslung. Als Methoden kommen in erster Linie die Dauermethode oder das Fahrtspiel zum Einsatz. Besonders genutzt werden sollten die entspannenden Wirkungen des Mediums Wasser. Aquarelaxation kann dabei nicht nur am Ende einer Aquajogging-Einheit, sondern auch zwischendurch durchgeführt werden. Musik kann sehr unterstützend wirken. Auf zusätzliche Beweglichkeits-, Koordinations- und/oder Kräftigungsübungen sollte zu Gunsten der anderen Inhalte verzichtet werden.

Tab. 31: Aquajogging für Gestresste

Methode	Anteil am Gesamttraining	Lauftechnik	Anteil am Gesamttraining
Dauermethode	60 %	Schrittlauf	90 %
Fahrtspiel	10 %	Kniehebelauf	5 %
Spiele	10 %	Schreitlauf	5 %
Aquarelaxation	20 %		

6.3.8 Senioren

Alterungsvorgänge des Menschen sind gekennzeichnet durch verminderte Adaptations- und Leistungsfähigkeit. Nach HOLLMANN & LIESEN (1986, S. 356) sind für den älteren Menschen die Sportarten optimal, die mit einem Minimum an organischer Belastung zu einem Maximum an gesundheitlich wünschenswerter Adaptation führen. Sie sollten bei geringer Laktatproduktion und geringen Blutdruckanstiegen eine möglichst große Sauerstoffaufnahme während der Belastung gewährleisten. Um dies zu erreichen, eignen sich für diese Zielgruppe insbesondere gut dosierbare und zugleich gelenkschonende Ausdauersportarten, wie z. B. Walking und Aquajogging.

Als Trainingsmethode sollten je nach Leistungsfähigkeit extensive Intervalle und die Dauermethode bei einer mittleren Belastungsintensität von 60-70 % (vgl. BOECKH-BEHRENS & BUSKIES, 1995c, S. 94) gewählt werden. Dabei sollte die Belastungsdauer je nach Trainingszustand 30-40 Minuten betragen (vgl. HOLLMANN & LIESEN, 1986, S. 351). Die hauptsächliche Lauftechnik für Senioren ist der Schrittlauf. Im Rahmen von extensiven Intervalltrainingsstunden kann auch im Schreitlauf gejoggt werden.

Neben der Verbesserung der allgemeinen und kardiopulmonalen Leistungsfähigkeit sollten besonders im Seniorensport auch die Hauptbeanspruchungsformen Kraft, Beweglichkeit und Koordination trainiert werden, da diese grundlegende Bedeutung für eine Vielzahl von Alltagsanforderungen, wie z. B. Treppensteigen,

Haarkämmen usw. darstellen. Aus diesem Grunde erscheint die gerade in dieser Zielgruppe sehr beliebte Wassergymnastik als besonders geeignet und sollte deshalb auch bei einem Aquajogging-Kurs mit Senioren einen hohen Stellenwert besitzen. Übungen zur Kräftigung der großen Muskelgruppen sowie zur Erhaltung bzw. Verbesserung der Gelenkbeweglichkeit, Reaktionsübungen und Übungen zur Verbesserung des statischen und dynamischen Gleichgewichts sollten dabei im Vordergrund stehen.

Die in dieser Zielgruppe häufig verbreiteten Vorschädigungen, wie z. B. Rücken- und Kniebeschwerden, koronare Herzerkrankungen und Diabetes sind beim Aquajogging entsprechend zu berücksichtigen. Da das Bewegungslernen bei älteren Menschen verlangsamt ist, sollten auch beim Aquajoggen aus psychologischer Sicht insbesondere gesundheits- und sozialorientierte Motive wie Spaß, Fitness, Wohlbefinden und Geselligkeit angesprochen werden. Ein Senioren-Aquajogging-Kurs sollte deshalb auch hohe gymnastische und zum Teil spielerische Anteile beinhalten, um so der Motivstruktur dieser Altersgruppe zu entsprechen.

Tab. 32: Aquajogging für Senioren

Methode	Anteil am Gesamttraining	Lauftechnik	Anteil am Gesamttraining
Dauermethode	40 %	Schrittlauf	80 %
Extensive Intervalle	10 %	Schreitlauf	20 %
Kräftigungsübungen	10 %	Kniehebelauf	–
Beweglichkeits-/ Koordinationsübungen	30 %	Robo-Jogg	–
Spiele	10 %		

7 STUNDENBEISPIELE

Bei der Durchführung von Aquajogging-Kursen oder für das Einzeltraining hat es sich bewährt, die Trainings- oder Übungseinheiten manchmal unter ganz bestimmte Themen zu stellen, um Abwechslung in das Training zu bringen. Wie solche Trainingseinheiten mit bestimmten Themen aussehen könnten, soll durch einige Beispiele, so genannte *Stundenbilder*, verdeutlicht werden.

Im Prinzip sind diese Stundenbilder eine Kombination verschiedener, in vorherigen Kapiteln beschriebenen Übungen. Die Stunden sind für 45-60 Minuten ausgelegt und beziehen sich nicht auf eine bestimmte Zielgruppe, d. h., sie sollten je nach Interesse und Leistungsstand der Gruppe entsprechend modifiziert werden.

7.1 Stundenbild „Die erste Stunde"

Die erste Stunde eines neuen Kurses ist sowohl für den Leitenden als auch für die Teilnehmer eine besondere Situation, die für beide Seiten häufig mit hohen Erwartungen verknüpft ist. Für die Teilnehmer von Gruppen, die über einen längeren Zeitraum miteinander Sport treiben wollen, ist es wichtig, gerade zu Beginn Spaß und Kommunikation zu fördern, um bestehende Berührungsängste abzubauen. Erwartungen und eventuelle Ängste beziehen sich insbesondere bei Sportwiedereinsteigern oft auch auf das neue Gerät und das Medium Wasser, weswegen man diesen Teilnehmern in der ersten Stunde genügend Zeit einräumen sollte, sich mit den neuen Bedingungen vertraut zu machen.

Aber auch für den Übungsleiter hat die „erste Stunde" eine zentrale Funktion. Durch das Verhalten beim Spiel und im Umgang mit dem neuen Gerät und durch Gespräche am Rande lernt er die individuellen Voraussetzungen (Kondition, Kenntnisse, Fertigkeiten) und Einstellungen der einzelnen Teilnehmer kennen. Nur so kann er die Gruppe richtig einschätzen und adäquate Lernziele für die nächsten Stunden finden, ohne die Teilnehmer zu unter- oder zu überfordern.

Der Schwerpunkt der Aufwärmphase liegt in der Stunde darin, sich durch Lauf- und Kennenlernspiele mit den Teilnehmern und dem Schwimmbad vertraut zu machen. Im Hauptteil erlernen die Teilnehmer den Umgang mit dem Aquajogger® und die Grobform des Schreitlaufs. In der Abwärmphase wird es den Teilnehmern ermöglicht, Entspannungsübungen alleine und in der Gruppe auszuführen.

Tab. 33: Stundenbild „Die erste Stunde"

Phase	Ziele	Ablauf	Geräte
Aufwärmphase	• Kennenlernen • Wasserge- wöhnung • Kennenlernen der Teilnehmer	• Begrüßung, Organisatorisches abklären. • Läuferspiel (s. Kap. 5.6.1). • Namenspiel (s. Kap. 5.6.1).	
Hauptteil	• Umgang m. d. Aquajogger® • Pulsmessung • Gewöhnung a. d. Aquajogger® • Grobform des Schreitlaufs	• Trageweise, Anpassung der Aquajogger®. • Üben d. Pulsmessung an Land. • Freies Bewegen (Flach- und Tiefwasser), Teilnehmer stellen Bewegungsformen vor. • Demonstration d. Schreit- laufs, Üben in Verbindung mit einem extensiven Inter- valltraining (z. B. 4 x 2 min), Korrektur, Pulsmessung.	• Aquajogger® • Aquajogger® • Schaubild
Abwärmphase	• Entspannung	• Aquarelaxation einzeln (s. Kap. 5.7.3). • Aquarelaxation Gruppe (s. Kap. 5.7.3).	• Aquajogger®

7.2   Stundenbild „Ausdauer"

Zur Verdeutlichung der bereits ausführlich dargestellten Ausdauertrainingsprinzipien sei hier ein Beispiel für eine Ausdauertrainingseinheit aufgeführt. Auch für denjenigen, der Aquajogging aus orthopädischen Gründen durchführt, bietet es sich an, von Zeit zu Zeit eine solche o. Ä. Ausdauertrainingseinheit durchzuführen.

Tab. 34: Stundenbild „Ausdauer"

Phase	Ziele	Ablauf	Geräte
Aufwärmphase	• Physische Vorbereitung Herz-Kreislauf-System	• 5 min einlaufen; 3 x Steigerungsläufe durch das Becken (s. Kap. 5.2.3 u. 5.3.4).	
Hauptteil	• Herz-Kreislauf-Ausdauerbelastung	• Extensive Intervallpyramide: Belastungsintensität: 80 %. • 5-10-15-10-5 min. • Intervallpause: 1 min locker joggen (s. Kap. 5.3.2).	• Wasserdichte Uhr • Schwimmbaduhr
Abwärmphase	• Schnelle Regeneration	• 3 min auslaufen mit deutlich geringerer Schrittfrequenz. • 2 min die Beine in Rückenlage ausschütteln/ leichter Kraulbeinschlag (s. Kap. 5.7.1 u. 5.7.4).	

7.3   Stundenbild „Kleine Spiele"

Trainingseinheiten, in denen überwiegend gespielt wird, sind zwar eher selten, sind aber bei den meisten Sportgruppen beliebt und stellen eine willkommene Abwechslung dar. Besonders in diesen Stunden können die Teilnehmer aktiv an der Stundengestaltung teilnehmen, indem sie eigene Spielideen einbringen oder Spiele nach ihren Vorstellungen abändern. Kleine Spiele lassen sich in allen Phasen einer Sportstunde durchführen. Ein Spiel, welches bei einer Gruppe besonders beliebt ist, sollte länger als geplant durchgeführt werden, auch wenn dadurch ein anderes Spiel wegfällt. Auch hierbei sollte der Übungsleiter die Wünsche der Teilnehmer berücksichtigen.

Tab. 35: Stundenbild „Kleine Spiele"

Phase	Ziele	Ablauf	Geräte
Aufwärmphase	• Aufwärmen • Beweglichkeit	• Parteiball (s. Kap. 5.6.2). • Gordischer Knoten (s. Kap. 5.6.1).	• Ball
Hauptteil	• Verbesserung d. Schrittlauftechnik • Ausdauer, Koordination • Ausdauer	• Lokomotive (s. Kap. 5.6.3). • Luftballonspiel (s. Kap. 5.6.4). • Staffelwettbewerbe (s. Kap. 5.6.4).	• Gymnastik- stäbe • Luftballons • Aquajogger®
Abwärmphase	• Entspannung	• Aquarelaxation Gruppe (s. Kap. 5.7.3).	• Aquajogger®

7.4 Stundenbild „Kräftigung"

Im Sinne eines Kraftausdauertrainings kann die gesamte Extremitätenmuskulatur trainiert werden. Dies wird durch wassergymnastische Übungen in der Aufwärmphase und durch Laufvariationen, den Einsatz von Zusatzgeräten und durch intensives Intervalltraining in der Hauptphase einer Trainingseinheit erreicht. Es empfiehlt sich insbesondere, die untere Extremitätenmuskulatur zuvor zu dehnen und während der Intervallpausen Regenerationsübungen (Beine ausschütteln, Aquarelaxation) durchzuführen.

Tab. 36: Stundenbild „Kräftigung"

Phase	Ziele	Ablauf	Geräte
Aufwärmphase	• Physische Vorbereitung der Muskulatur	• Stretching der vorderen u. hinteren Oberschenkelmuskulatur sowie der Wade am Beckenrand (s. Kap. 5.2.1). • Aufwärmübungen (s. Kap. 5.2.2).	• kniehohe Fersenauflage (Treppe, Sitzbank) • Flachwasser
Hauptteil	• Training der Kraftausdauerfähigkeit	• 5 min „Langlauf". • min Robo-Jogg. • 5 min „Crunch". • 10 x „Streck-dich" während 5 min-Lauf. • 5 x 1 min Ziellauf (s. Kap. 5.4).	• wasserdichte Uhr, Schwimmbaduhr
Abwärmphase	• Entspannung	• 2 min Beine ausschütteln. • 3 min Aquarelaxation (s. Kap. 5.7.3).	

7.5   Stundenbild „Geschicklichkeit"

Auch Geschicklichkeitsübungen können in allen drei Phasen einer Trainingsstunde durchgeführt werden. Sowohl gymnastische Übungen als auch verschiedene Spiele und Staffeln sind dazu geeignet. Der Anforderungsgrad der Bewegungsformen sollte auf die Zielgruppe abgestimmt sein. Sowohl zu schwierige als auch zu leichte Übungen sind für die Teilnehmer demotivierend.

Tab. 37: *Stundenbild „Geschicklichkeit"*

Phase	Ziele	Ablauf	Geräte
Aufwärmphase	• Aufwärmen und Geschicklichkeit	• Gymnastik m. d. Schwimmbrett. • Schwimmbrettpaddeln (s. Kap. 5.6.2).	• Schwimmbretter
Hauptteil	• Geschicklichkeit und Ausdauer	• Luftballonspiel (s. Kap. 5.6.4). • Serviererstaffel (s. Kap. 5.6.4). • Tischtennisballstaffel (s. Kap. 5.6.4).	• Luftballons • Aquajogger® • Schwimmbretter, Bälle • Tischtennisbälle
Abwärmphase	• Entspannung	• Aquarelaxation Gruppe (s. Kap. 5.7.3).	

7.6   Stundenbild „Partner"

Eine Stunde, in der nicht die Gruppe, sondern der Sportpartner im Vordergrund steht. Sowohl die Gymnastik, das Spielen, das Aquajoggen und auch die Entspannung lassen sich partnerweise durchführen. Die Partner dabei häufiger wechseln (zufällig oder frei)!

Tab. 38: Stundenbild „Partner"

Phase	Ziele	Ablauf	Geräte
Aufwärmphase	• Aufwärmen • Beweglichkeit	• Schattenlaufen (s. Kap. 5.6.1). • Partnergymnastik.	• Bälle
Hauptteil	• Einlaufen • Koordination • Verbesserung d. Schrittlauftechnik • Ausdauer, Koordination	• Paarweise Einlaufen (s. Kap. 5.2.3). • Blindenführung (s. Kap. 5.6.2). • Lokomotive zu zweit (s. Kap. 5.6.3). • Luftballonspiel zu zweit (s. Kap. 5.6.4).	• Aquajogger® • Gymnastik-stäbe • Luftballons
Abwärmphase	• Entspannung	• Aquarelaxation paarweise (s. Kap. 5.7.3).	• Aquajogger®

7.7 Stundenbild „Wasserbasketball"

In einer Sportstunde „Wasserbasketball" sollte man bereits in der Aufwärmphase durch Ballgymnastik und kleine Ballspiele den Teilnehmern die Möglichkeit geben, sich mit dem Ball vertraut zu machen. Das Regelwerk sollte einfach sein und den Spielfluss möglichst wenig beeinträchtigen. Manchmal können sich Regeln auch aus dem Spielverlauf entwickeln. Generell sollen Regeln von den Teilnehmern mitgestaltet werden.

Tab. 39: Stundenbild „Wasserbasketball"

Phase	Ziele	Ablauf	Geräte
Aufwärmphase	• Beweglichkeit • Aufwärmen	• Partnergymnastik m. d. Ball. • Parteiball (s. Kap. 5.6.2).	• Bälle
Hauptteil	• Ausdauer • Koordination • Ausdauer	• Parteiball mit Aquajoggern®. • Zielwürfe auf den Korb. • Wasserbasketball (s. Kap. 5.6.4).	• Aquajogger® • Bälle • Wasserbas- ketballkörbe
Abwärmphase	• Auslaufen • Entspannung	• 5 min auslaufen, Pulskontrolle. • Aquarelaxation einzeln (s. Kap. 5.7.3).	• Aquajogger®

7.8 Stundenbild „Wettkampf"

Wettkampforientierte Spiele, z. B. Fangspiele und Staffeln, stehen in dieser Stunde im Vordergrund. Bereits in der Aufwärmphase kann damit begonnen werden, vorausgesetzt, die konditionelle Beanspruchung ist noch nicht zu hoch. Zwischen Wettkampfspielen mit hoher Herz-Kreislauf- und/oder muskulärer Beanspruchung sollten kurze Erholungsphasen (lockeres Laufen; Aquarelaxation) eingebaut werden. Gruppenaufgaben, bei denen nicht der Einzelne für das Resultat verantwortlich ist, besitzen den Vorteil, dass auch leistungsschwächere Teilnehmer für wettkampforientierte Bewegungsformen zu motivieren sind.

Tab. 40: Stundenbild „Wettkampf"

Phase	Ziele	Ablauf	Geräte
Aufwärmphase	• Aufwärmen • Beweglichkeit	• Atomspiel (s. Kap. 5.6.1). • Stretching (s. Kap. 5.2.1).	
Hauptteil	• Ausdauer • Ausdauer, Kraft • Ausdauer	• Rettender Kreis (s. Kap. 5.6.2). • Staffelwettbewerbe (s. Kap. 5.6.4). • Kettenfangen (s. Kap. 5.6.3).	• Aquajogger® • Schwimm- bretter, Bälle
Abwärmphase	• Auslaufen • Entspannung	• 3 min auslaufen; Pulskontrolle. • Aquarelaxation Gruppe (s. Kap. 5.7.3).	• Aquajogger®

7.9 Stundenbild „Quer durchs Becken"

Das Schwimmbecken bietet normalerweise wenig gegenständliche Abwechslung und es besteht die Gefahr, dass man dies irgendwann als langweilig erlebt. Um dem vorzubeugen und um generell etwas Abwechslung in das Aquajogging-Training zu bringen, kann man eine Stunde unter das Thema: „Quer durchs Becken" stellen. Selbst vermeintlich „eintönige" Schwimmbäder lassen sich schnell in interessante „Aufgabenparcours" verwandeln, sofern dies der Schwimmmeister zulässt. So gibt es in fast jedem Schwimmbecken ein Sprungbrett, an dem man z. B. Luftballons aufhängen kann, die die Aquajogging-Teilnehmer aus dem Wasser heraus antippen müssen. Einstiegsleitern können z. B. als „Andockstellen" verwendet werden, an die man in Rückenlage mit den Füßen andocken muss. Startblöcke oder hohe Beckenränder können als Tabletts für aufzunehmende oder abzulegende Gegenstände dienen. Innerhalb des Wassers kann man mithilfe von Luftballons, LKW-Schläuchen o. Ä. und Seilen „Bojen" erzeugen, die als Hindernisse dienen können. Der Fantasie sind keine Grenzen gesetzt.

Tab. 41: Stundenbild „Quer durchs Becken"

Phase	Ziele	Ablauf	Geräte
Aufwärmphase	• Physische Vorbereitung auf den Parcours	• „Ball hoch halten" (s. Kap. 5.6.2). • „Tigerball" (s. Kap. 5.6.2).	• Flachwasser
Hauptteil	• Intervallartige Herz-Kreislauf-Belastung Spaß/ Abwechslung	• „Schwimmbeckenparcours" 1) Bälle in Rückenlage aus dem Wasser schießen. 2) „Rückenkraulbeinschlag". 3) „Slalomlaufen" um LKW-Schläuche. 4) „Wasserglastransport". 5) Luftballon am Sprungbrett abschlagen. 6) „Klettern". 7) „Einparken neben der Leiter" in Rückenlage, nur durch Armbewegungen.	• Luftballons • Seile, Bälle • Wasserglas • LKW-Schläuche
Abwärmphase	• phys./psych. Entspannung	• Aquarelaxation partnerweise.	

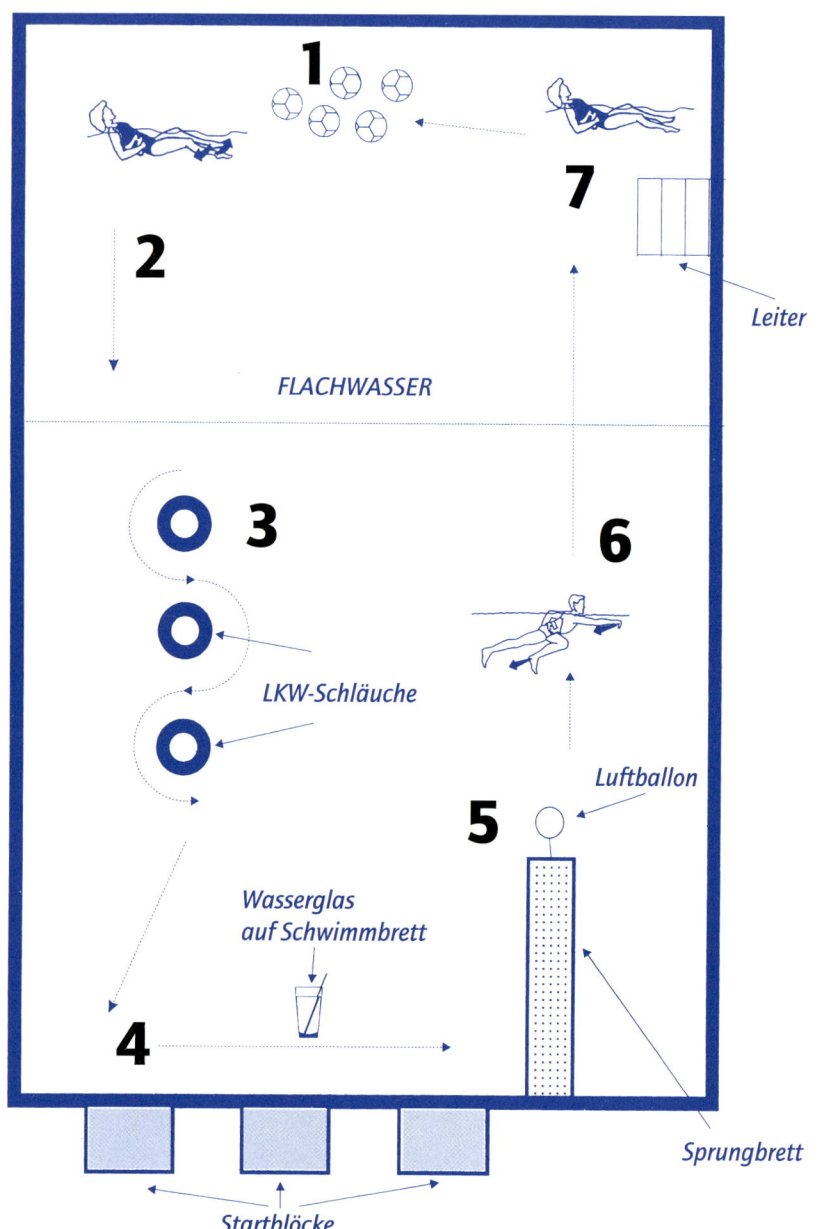

1

2

FLACHWASSER

Leiter

7

3

LKW-Schläuche

6

5

Luftballon

Wasserglas
auf Schwimmbrett

4

Sprungbrett

Startblöcke

Abb. 15: Skizze zum Stundenbild „Quer durchs Becken"

8 WEITERE ANWENDUNGSMÖG-
LICHKEITEN DES AQUAJOGGINGS

8.1 Cross-Training

Unter Aquajogging als Cross-Training ist eine bestimmte Art der Anwendung des Aquajoggings zu verstehen. Cross-Training bezeichnet das Durchführen von bzw. Trainieren in ganz verschiedenen Sportarten, die zum Teil sehr unterschiedliche Anforderungen stellen. Das Training geschieht „cross" über verschiedene Sportarten hinweg, um möglichst viele verschiedene Trainingsreize zu setzen und Bewegungserfahrungen zu ermöglichen. In diesem Sinne ist Aquajogging sicherlich eine Sportform, die zum einen ganz besondere Bewegungserfahrungen ermöglicht und zum anderen spezielle Anforderungen in den Bereichen Gleichgewichts- und Koordinationsfähigkeit sowie Kraftausdauerfähigkeit der Beinmuskulatur stellt. Da die spezielle Bewegungsform des Aquajoggings in fast keiner anderen Sportart vorhanden ist, stellt Aquajogging eine ideale Sportform innerhalb eines Cross-Trainings dar und sollte von jedem Sportler anderer Sportarten einmal ausprobiert bzw. in ein Cross-Training integriert werden.

8.2 Sea-Jogging

Eine gelungene Alternative zum herkömmlichen Aquajogging im Schwimmbad stellt das Sea-Jogging dar. Dabei versucht man, meist zu mehreren Personen entweder eine bestimmte Zeit zu joggen oder eine bestimmte Strecke zurückzulegen (z. B. bis zu einer Boje oder einem Steg oder bis zum anderen Ufer). Allerdings beschränkt sich diese Form des Ausdauertrainings in unseren Breiten auf die warme Jahreszeit. Insbesondere kleinere Moor- und Baggerseen heizen sich im Frühjahr schnell auf, sodass hier bereits relativ früh damit begonnen werden kann.

Ein Highlight und eine Herausforderung für jeden Sea-Jogger ist die Durchquerung oder Umrundung eines Sees. Bei Sonnenschein zusammen in der Gruppe nach einer längeren Laufzeit das gegenüberliegende Ufer zu erreichen und wieder Boden unter den Füßen zu spüren, ist ein besonderes Erlebnis. Dabei sollten bei der Streckenwahl immer die örtlichen Gegebenheiten (Entfernung, Wassertemperatur, Uferbewachsung, Uferwege) beachtet werden.

Foto 25: Aquajogging – zum ersten Mal im See

Foto 26: Eine Gruppe „Sea-Jogger"

Generell schätzt man beim Sea-Jogging die Entfernung zu kurz ein. Man glaubt, das gegenüberliegende Ufer schnell erreichen zu können und wählt somit häufig eine viel zu große Distanz. Deshalb sollte man zunächst nur eine kurze Strecke (100-200 m) im See joggen. Auch muss man bei der Streckenwahl daran denken, dass man im Normalfall wieder zum Ausgangspunkt zurückjoggen muss. Deshalb sollte man seine Kräfte gut einteilen! Beim Sea-Jogging sind folgende Punkte zu beachten:

- Erst im Schwimmbad, dann im See joggen!
- Motorboote und Surfer beachten!
- Unterkühlung vermeiden!
- Auf Strömungen & Strudel achten!
- Biotope meiden!

8.3   Family-Training

Aquajogging ist eine der wenigen Sportarten, die tatsächlich mit verschiedenen Generationen und mit Personen ganz unterschiedlicher Leistungsfähigkeit *zusammen* durchgeführt werden kann. Dies betrifft nicht nur das mittlere Erwachsenenalter, sondern umfasst auch das Kindes- und Seniorenalter. Aquajogging kann in einem Lebensalter von 10-80 Jahre durchgeführt werden und besitzt damit die besten Voraussetzungen dazu, dass es auch mit der ganzen Familie durchgeführt wird. Die verschiedenen möglichen Trainingsformen und Anforderungen lassen es zu, dass Kinder, Eltern und Großeltern zwar verschiedene Trainingsreize setzen, aber doch zusammen Sport treiben können.

Allein durch ein gemeinsames Aquajogging kann das Kind Spaß an der ungewohnten Bewegung im Wasser haben und eine neue Bewegungsform kennen lernen, die Eltern können ein Kraftausdauertraining (durch Laufen in der Schreitlauftechnik) und die Großeltern ein Ausdauertraining (normaler Schrittlauf) durchführen. Insbesondere auch die im Aquajogging möglichen Spiele, wie z. B. „Wasserbasketball" (s. Kap. 7.7) können für ein gemeinsames Familientraining genutzt werden.

9 LITERATUR

ADDINGTON, J. (1997). Fit for 2 – Aqua Training in der Schwangerschaft. In *Kongreßhandbuch zum 1. European Aquatic Fitness Convention in Karlsruhe* (2.-4. Mai 1997), S. 17-19.

ALFERMANN, D., LAMPERT, T., STOLL, O. & WAGNER-STOLL, P. (1993). Auswirkungen des Sporttreibens auf Selbstkonzept und Wohlbefinden. *Sportpsychologie, 2,* 21-27.

Anonym. (1993). Fit und well im Hotel. *Frankfurter Allgemeine Zeitung, Nr. 123,* 30.06.1993, o. A.

BEIGEL-GUHL, K. & BRINCKMANN, A. (1989). Wassergymnastik. Reinbek: Rowohlt.

BERGER, B. G. & OWEN, D. R. (1988). Stress Reduction and Mode Enhancement in four Exercise Modes: Swimming, Body Conditioning, Hatha Yoga, and Fencing. *Research Quaterly for Exercise and Sport, 59* (2), 148-159.

BERGER, B. G. & OWEN, D. R. (1992). Preliminary Analysis of a Causual Relationship between Swimming and Stress Reduction: Intense Exercise May Negate the Effects. *International Journal of Sport Psychology, 23,* 70-85.

BINKOWSKI, H. & HUBER, G. (1992). Stehen – Gehen – Laufen. Waldenburg: Sport Consult.

BIRKNER, H.-A. (1994). Psychische und physische Effekte eines Aquajogging-Trainings. Unveröffentl. Dipl.-Arbeit, Universität der Bundeswehr, München.

BIRKNER, H.-A. (1995). Aquajogging. *Sportorthopädie – Sporttraumatologie, 11*(4), 268-271.

BIRKNER, H.-A. (1997). Psychische Aspekte des Aqua-Joggings. In D. Strass, F. Durlach, K. Reischle & K. Wilke (Hrsg.), *Schwimmen 2000 II. 2. Fachtagung vom 9.-11.1996 in Ludwigsburg* (S. 100-109). Schopfheim: Uehlin.

BIRKNER, H.-A. & ROSCHINSKY, J. (1997). Methodik-Didaktik des Aquajoggings. In D. Strass, F. Durlach, K. Reischle, & K. Wilke (Hrsg.), *Schwimmen 2000 II. 2. Fachtagung vom 9.-11.1996 in Ludwigsburg* (S. 100-109). Schopfheim: Uehlin.

BIRKNER, H.-A. Laufen über den Mittelfuß – der physiologische Laufstil? Unveröffentl. Dipl.-Arbeit, Universität der Bundeswehr München.

BISHOP, P.A., FRAZIER, S., SMITH, J. & JACOBS, D. (1989). Physiologic Responses to Treadmill and Water Running. *The Physician and Sportsmedicine, 17* (2), 87-89, 92, 94.

BLUM, B. (1986). Regeneration: Optimale Erholung nach Training und Wettkampf. Oberhaching: sportinform.

BOECKH-BEHRENS, W.-U. & BUSKIES, W. (1995a). Gesundheitsorientiertes Fitnesstraining, Band 1. Lüneburg: Wehdemeier & Pusch.

BOECKH-BEHRENS, W.-U. & BUSKIES, W. (1995b). Gesundheitsorientiertes Fitnesstraining, Band 2. Lüneburg: Wehdemeier & Pusch.

BOECKH-BEHRENS, W.-U. & BUSKIES, W. (1995c). Gesundheitsorientiertes Fitnesstraining, Band 3. Lüneburg: Wehdemeier & Pusch.

BRAUMANN, K.-M. (1993). Schwimmen. _Deutsche Zeitschrift für Sportmedizin, 44_ (5), 203-206.

COOPER, B. (1988). Water Running. _Triathlete,_ (2), 18 u.71.

CSIKSZENTMIHALYI, M. (1992). Flow – Das Geheimnis des Glücks. Stuttgart: Klett-Cotta.

DARGATZ, T. & KOCH, A. (1995). Aqua-Fitness. Oberhaching: sportinform.

DE MARÉES, H. (1992). Sportphysiologie. Köln: Tropon.

DE MONDENARD, J.-P. (1991). Rehabilitation: Laufen ... im Wasser. _Leichtathletik, 30_ (12), 14-17.

ECKEY, U. & FROBÖSE, I. (1994). Aquajogging – eine didaktisch-methodische Konzeption für den Einsatz in der Prävention und Rehabilitation. _Gesundheitssport und Sporttherapie, 10_ (4), 4-7.

ECKEY, U. (1996). Sporttherapie bei degenerativer Erkrankung des Kniegelenks – Evaluation der Effektivität eines komplexen 6-monatigen „Suspended Deep Water Running"-Programms bei der Gonarthrose ersten oder zweiten Grades nach Wirth (1992). Dissertation, Sporthochschule Köln.

ENNENBACH, W. (1991). Bild und Mitbewegung. Köln: bps.

FRANGOLIAS, D. & RHODES, E. (1995). Maximal and Ventilatory Threshold Responses to Treadmill and Water Immersion Running. _Medicine and Science in Sports and Exercise, 27_ (7), 1007-1013.

FROBÖSE, I. (1994). Aquajogging – Einsatzmöglichkeiten in der Therapie. _Deutsche Zeitschrift für Sportmedizin, 45_ (2), 65-67.

GALLOWAY, J. (1990). Richtig laufen mit Galloway. Aachen: Meyer & Meyer.

GRÜNING, M. (1994). Aquajogging – Nicht nur Spitzenathleten profitieren vom Laufen im Wasser. _Runner's World, 2_ (11/12), 46-49.

HACKFORT, D. & KRIEGEL, R. (1997). Sportliche Aktivität und Diabetes Mellitus Typ II – Eine Metaanalyse. _Arbeitsinformationen Sportwissenschaft,_ Nr. 9.

Handbook Aquajogger (1992). Eugene, Or: Exel Sport Science.

HOLLMANN, W. & HETTINGER, T. (1990). Sportmedizin. Arbeits- und Trainingsgrundlagen. Stuttgart: Schattauer.

HOLLMANN, W. & LIESEN, H. (1986). Höheres Alter und Sport. In W. HOLLMANN(Hrsg.), _Zentrale Themen der Sportmedizin,_ (S. 342-357). Berlin: Springer.

HUEY, L. & FORSTER, R. (1997). Aquatraining. Band 2. Aachen: Meyer & Meyer.

ISRAEL, S. (1982). Sport und Herzschlagfrequenz. Leipzig: Barth.

KNEBEL, K.-P. (1993). Fitness-Gymnastik. Reinbek: Rowohlt.

KÜHNE, C. (1993). Neue Wege in der Rehabilitation von Kreuzbandverletzungen. _Hochschulsport, 93_ (2), 32-35.

KÜHNE, C., JOST, J. & ZIRKEL, A. (1996). Leistungsdiagnostik und Belastungssteue-rung beim Aquajogging im Rahmen der Rehabilitation nach vorderen Kreuz-bandrekonstruktionen. *Deutsche Zeitschrift für Sportmedizin, 47* (4), 291-300.

LAKÄMPER, O. (1995). Zur Einsetzbarkeit und Effektivität des Aquajogging-Trai-nings. *Leistungssport, 6*, 13-16.

LEIST, K.-H. & LOIBL, J. (1993). Vom gefühlvollen sich Bewegen und seiner Vermitt-lung. In K.-H. LEIST (Hrsg.), *Lernfeld Sport*. Reinbeck: Rowohlt.

LEIST, K.-H. (1993). Lernfeld Sport. Reinbeck: Rowohlt.

LENHART, P. & SEIBERT, W. (1991). Funktionelles Bewegungstraining. Oberhaching: Gesundheitsdialog.

LOIBL, J. (1990). Den Blick lenken, um zu sehen. *Sportpädagogik, 1*, 21-29.

MARTIN, D., CARL, K. & LEHNERTZ, K. (1993). Handbuch Trainingslehre. Schorndorf: Hofmann.

MCWATERS, J. G. (1988). Deep Water Exercise for Health and Fitness. Laguna Beach: Publitec Edition.

MICHAELSEN, A. (1991). Rahmenbedingungen und methodische Leitlinien zum Ein-satz der Wassertherapie nach Sport- und Unfallverletzungen. Unveröff. Dipl.-Ar-beit, DSHS Köln.

MICHAUD, T. J., SHERMAN, N. W. & BRENNAN, D. K. (1992). The Metabolic Cost of Aquarunning for Males and Females. *Research Quarterly for Exercise and Sport, 63* (Suppl. 1, A-25/6), 25-26.

MORGAN, W. P. (1984). Physical Activity and Mental Health. In H. M. ECKERT & H. J. MONTOYE (Eds.), *Exercise and Health* (pp. 132-145). Champaign: Human Kinetics.

MURPHY, J. A. (1985). You Won't Run the Risk of Injury If You Run in Water Wearing a Wet Vest. *Sports illustrated, 63* (1), 7.

NEUMANN, G. (1993). Zum zeitlichen Ablauf der Anpassung beim Ausdauertrai-ning. *Leistungssport, 5*, 9-14.

OSCHÜTZ, H. (1991). Chronobiologie im Sport. *Leistungssport, 4*, 12-15.

OTT, D. & SCHMIDT, N. (1995). Aquagymnastik. Aachen: Meyer & Meyer.

PEKDAG, S. (1997). Aquajogging. In *Kongreßhandbuch zum 1. European Aquatic Fitness Convention in Karlsruhe* (2.-4. Mai 1997), S. 64-66.

PROKOP, D. (1985). Water Works – Good old Water, in all its forms, can bouy a run-ner's health and happiness. *Runner's World, 20* (5), 59-62, 69-71.

PSCHYREMBEL, W. (Hrsg.). (1994). Klinisches Wörterbuch (257. Aufl.). Berlin: Walter de Gruyter.

REISCHLE, K. (1988). Besser Schwimmen. Oberhaching: sportinform.

REISCHLE, K. & BERSCHIN, G. (1996). Belastung und Beanspruchung beim Aquajog-ging. In *Krankengymnnastik, 48* (11), 1690-1708.

RIECKERT, H. (1991). Leistungsphysiologie. Schorndorf: Hofmann.

RIEDER, H., HUBER, G. & WERLE, J. (Hrsg.). (1996). Handbuch Sport mit Sondergruppen. Schorndorf: Hofmann.

ROSCHINSKY, J. (1993). Einführung und Vergleich zweier Entspannungstechniken (Progressive Muskelentspannung und Autogenes Training) als Beitrag zur Gesundheitserziehung. Unveröffentl. 2. Staatsexamensarbeit, Studienseminar Dortmund.

ROSCHINSKY, J. (1998). Methodisch-didaktische Aspekte des Aquajoggings. In *Kongreßhandbuch zum 2. European Aquatic Fitness Convention in Karlsruhe* (8.-10. Mai 1998), S. 38-42.

ROSCHINSKY, J. & SCHLATTMANN, A. (1998). Psychoregulation im Schulsport als Beitrag zur Gesundheitserziehung. *Arbeitsinformationen Sportwissenschaft, Nr. 11.*

ROST, R. (1986). Die Herz-Kreislauf-Reaktion unter verschiedenartiger körperlicher Belastung. In O. A. BRUSIS & H. WEBER-FALKENSAMMER (Hrsg.), *Handbuch der Koronargruppenbetreuung.* Nürnberg: perimed.

RÖTHIG, P. (Hrsg.). (1992). Sportwissenschaftliches Lexikon. Schorndorf: Hofmann.

ROTH, K. (1989). Wie lehrt man schwierige geschlossene Fertigkeiten? In BIELEFELDER SPORTPÄDAGOGEN (Hrsg.). *Methoden im Sportunterricht.* Schorndorf: Hofmann.

SCHLESKE, W. (1987). Meditative Erfahrungen durch entspanntes Langlaufen – ihre Entstehung und Bedeutung in einer sich wandelnden Gesellschaft. In *Sportwissenschaft, 17* (1), 151-170.

SCHLETT, Stefan (1991). AquaJogger – Laufen im Wasser. *Spiridon, 6,* 24.

SCHLUMBERGER, A., HEMMLING, G., FRICK, U. & SCHMIDTBLEICHER, D. (1997). Herzfrequenz- und Laktatverhalten beim freien Laufen und beim Aquajogging. *Deutsche Zeitschrift für Sportmedizin, 48* (5), 183-189.

SCHMIDT, R. A. & BJORK, R. A. (1992). New Conceptualizations of Practice: Common Principles in Three Paradigms Suggest New Concepts for Training. *Psychological Science, 3* (4), 207-217.

SCHMIDT, J. (1993). Über den Einfluß veränderter Atemgasgemische auf die Tauchreaktion beim Menschen. Dissertation, Universität Kiel.

SILBERNAGL, S. & DESPOPOULOUS, A. (1991). Taschenatlas der Physiologie. Stuttgart: Thieme.

SINGER, R. (Hrsg.). (1981). Alterssport. Schorndorf: Hofmann.

STEGEMANN, J. (1991). Leistungsphysiologie. Stuttgart: Thieme.

STERNAD, D. (1996). Richtig Stretching. München: BLV.

STOMMEL, A. & ALTMANN, D. (1996). Neue therapeutische Perspektiven des Aquajoggings. *Deutsche Zeitschrift für Sportmedizin, 47* (4), 305-306.

SVEDENHAG, J. & SEGER, J. (1992). Running on Land and in Water: Comparative Exercise Physiology. *Medicine and Science in Sports and Exercise, 24* (10), 1155-1160.

THOLEY, P. (1980). Erkenntnistheoretische und systemtheoretische Grundlagen der Sensomotorik aus gestalttheoretischer Sicht. *Sportwissenschaft, 10,* 7-35.

THOLEY, P. (1987). Prinzipien des Lehrens und Lernens sportlicher Handlungen aus gestalttheoretischer Sicht. In J. P. JANSSEN, W. SCHLICHT & H. STRANG (Hrsg.), *Handlungskontrolle und soziale Prozesse im Sport.* Köln: bps.

TSUKAHARA, N. & TODA, A. et al. (1994). Cross-Sectional and Longitudinal Studies of the Effect of Water Exercise in Controlling Bone Loss in Japanese Postmenopausal Women. *Journal of Nutrition Science and Vitaminology. 40* (1), o. A.

VÖLKER, K. (1983). Belastungsrelevante medizinisch-physiologische Aspekte des Schwimmens. *Herz, Sport & Gesundheit, Sonderausgabe,* 18-21.

VÖLKER, K. (1984). Probleme der Belastungsintensität beim Freizeitsport. *Herz, Sport & Gesundheit, 1* (1), 5-7.

WEINECK, J. (1990a). Optimales Training. Erlangen: Perimed.

WEINECK, J. (1990b). Sportbiologie. Erlangen: Perimed.

ZEITVOGEL, M. (1992). Aquatraining. Reinbek: Rowohlt.

ZINTL, F. (1994). Ausdauertraining. München: BLV.

10 SACHREGISTER

11 ANHANG

Herstellernachweis

Aqua Team
Im Wiesengrund 32
50259 Pulheim
Tel. 0 22 38 / 96 27 80
Fax 0 22 38 / 96 27 82

Exel Sports Science, Inc.
P.O. Box 5612
Eugene, Oregon (USA) 97405
Tel. (503) 484 - 24 54
Fax (503) 484 - 05 01

Sport Fahnemann GmbH
Postfach 170
31163 Bockenem
Tel. 05067 / 1061
Fax 05067 / 2311

Vertriebsgesellschaft für
Sport- und Fitness-Geräte mbH
Gartenweg 11
74806 Mosbach
Tel. 0 62 61 / 1 20 22
Fax 0 62 61 / 1 85 07

Sport-Thieme GmbH
Heidwinkel 12
36367 Grasleben
Tel. 0 53 57 / 1 81 81
Fax 0 53 57 / 1 81 90

Videofilme

FAHNEMANN Video (o. A.): Tiefwasser-Training für Fitness und Gesundheit (Teil 1). Video VHS (Best.-Nr. 16160). Bockenem: Fahnemann.

FAHNEMANN Video (o. A.). Aqua Jogger 100 / Classic / EB. Water Workout with the Aqua Jogger. Video VHS (Best.-Nr. 16180). Bockenem: Fahnemann.

FAHNEMANN Video (o. A). Aqua Exercise „Over 50". Video VHS (Best.-Nr. 16182). Bockenem: Fahnemann.

ROSCHINSKY, J. & BIRKNER, H.-A. (i. V.). Aquajogging – Technik und Training des Laufens im Wasser. Video VHS.

Anschrift der Autoren:
Hans-Albert Birkner, Johannes Roschinsky M.A.
Universität der Bundeswehr München
Institut für Sportwissenschaft und Sport
Werner-Heisenberg-Weg 39
85579 Neubiberg
Tel.: 089 / 6004-4195 bzw. 4185
Fax: 089 / 6004-3560

E-Mail:
Hans-Albert.Birkner@unibw-muenchen.de
Johannes.Roschinsky@unibw-muenchen.de

Bildnachweis

Fotos und Grafiken: Birkner/Roschinsky
Titelfoto: Thermes Marins, St. Jean de Monts/U4 Polar Electro GmbH, Büttelborn
Titelgestaltung: Birgit Engelen, Stolberg